LOCUS

LOCUS

LOCUS

LOCUS

mark

這個系列標記的是一些人、一些事件與活動。

mark 15 三兩個朋友
作者：楊渡
責任編輯：王平原
美術編輯：何萍萍
法律顧問：全理法律事務所董安丹律師
出版者：大塊文化出版股份有限公司
台北市105南京東路四段25號11樓
讀者服務專線：080-006689
TEL：(02) 87123898　FAX：(02) 87123897
郵撥帳號：18955675　戶名：大塊文化出版股份有限公司
e-mail:locus@locus.com.tw
行政院新聞局局版北市字業字第706號

總經銷：北城圖書有限公司　地址：台北縣三重市大智路139號
TEL：(02) 29818089 (代表號)　FAX：(02) 29883028　29813049
排版：天翼電腦排版有限公司　製版：源耕印刷事業有限公司
初版一刷：2000年4月

定價：新台幣250元
Printed in Taiwan

三兩個朋友

「什麼是青春？狂熱的烈火。
什麼是少女？冰雪與沙漠。」

楊渡　著

目錄

自序
時間之霧

初春深秋之日，午後的陽明山常起霧。

風由北海岸吹拂而來，夾帶著海上的水氣上升，至陽明山高處，因天寒而凝結，成雲，成霧，成細微的雨絲。有時，台北城區陽光普照，但行車至大屯山一帶，竟是愁雲深鎖，濃霧籠罩，如入暗夜之中。

這時如果走入濃霧裡，不久，就會發現髮上、眉睫之間，有薄薄的水珠。霧會讓人的睫毛濕潤，而有一種落淚般的溫柔。

霧，也可以成爲玩伴。

某一個深秋的下午時分，天氣轉寒，整個山頭就起霧了。霧由遠處的山脈，流動如水，但濃稠如汁，以牛奶的顏色，以白紗的柔軟，淹沒整個山脈，向著我們的居所，慢慢流過來。我剛剛開車回來，看著看著，不禁驚嘆起來。把屋裡的女兒小茵叫出來看。

「哇！好好玩！」唸幼稚園大班的小茵說。我們站在屋前的草地上，看著濃霧一步一步的走過來，像水一般，把整個山脈、我們住的小社區淹沒。於是，社區的房子也消失了。濃霧中，我們只能望見彼此模糊的面容。即使距離這樣近，卻彷彿隔得非常遙遠，連臉上的線條，都被霧給塗上一層白色，像雷諾瓦粉彩畫裡的人。

我們回頭望去，近在呎尺的屋子，也只剩下一片模糊的光影，彷彿要被大霧給流走了。

小茵走出幾步，陷身白霧中，回頭看不見我，出聲道：「爸爸，你在那裡？」

「在這裡。」其實相隔才幾步，我循聲走過去，握住她的手。

「好好玩哦！」小茵說。

「那就來玩捉迷藏吧。」我一時玩心大起，就把朋友李疾的兩個小女兒也叫來，在霧中捉迷藏。孩子的笑語如鈴，在霧中奔跑，呼喚著「爸～爸～，來找我！」但循聲走去，她已消失在茫茫的白色裡。孩子們互相追逐，有時相隔遙遠，發現自己迷失了，孤獨一人；有時突然接近，不小心撞在一起。

然而在記憶中，我卻永遠無法忘卻那如鈴的笑聲，那遙遠又貼近的呼喚：「爸～爸～」。因爲對一個孩子來說，那樣的情態，只存在於那年紀，成長後就永遠消失了。消失在時間的濃霧之中。

就在那樣的深秋季節裡，我接到母親的電話，告訴我少年時代的好朋友阿文，好像精神失常般，眼神空洞洞的，走在家鄉的道路上。「那個阿文啊，以前是那麼清秀聰明的孩子，還教你數學，現在怎麼會這樣？」

我兀自怔忡的坐在書房裡，窗外是枝葉落盡的楓樹枝椏，細小脆弱，無言的伸向霧中。我於是開始想起少年阿文的模樣，穿著象徵中部第一流學府的台中一中制服，走過故鄉的街道，在古老的月台上，用童稚的聲音吶喊著：「流浪啊，流浪！」

然而，一切都消失在時間的濃霧中。

我多麼不甘心啊！

□

「兩個朋友」的故事則應該追溯到戒嚴時代，採訪被關押三十幾年的政治犯家屬開始。我仍能記得，老政治犯的母親，住在台中市的小巷裡，一間窄小低矮的平房。客廳正中央是傳統的福德正神和祖先牌位，前面是供桌。在窄小的空間裡，它兼做吃飯的桌子罷，旁邊就擺著板凳。我們是在神明前，開始了訪談。

時間是一九八二年。

由於主編《大地生活》雜誌，支持者與寫稿者中，有不少五〇年代的政治犯，我對他們的生活與坐牢經驗略有耳聞。然而那一年，黨外的立委蘇秋鎮在立法院質詢，首度揭露出綠島還有關押三十幾年的政治犯，要求政府基於人道原則，特赦釋放。但政府的答覆却一概否認：沒有關押三十幾年的政治犯。

由出獄的老政治犯口中，我們早已知道確有三十幾年的政治犯。在五〇年代白色恐怖時期入獄，還被關在綠島，幾已成爲被世界遺忘的人。社會大多把目光放在美麗島事件的政治受難者，却鮮少有人關懷被遺忘的五〇年代。連蘇秋鎭都誤解他們是二二八事件的政治犯。在戒嚴時期的壓抑氛圍裡，立委的質詢，無疑是藉機揭開政治犯黑幕的好時機。我們決定以此作爲雜誌的專題。

要處理這樣的題材，和政府爭辯是多餘的。唯一的辦法是：把名單拿出來，把證據拿出來，讓他們無可抵賴。透過一位老政治犯的介紹，我採訪了被關了二十四年的政治犯——盧兆麟。長期在綠島的生活，使他對每一個政治犯的案件、關押時間、現在身體狀況等瞭如指掌。他一個一個點名，我一個一個記錄。最後作成一長串的名單。

爲深入了解當時的案情，我決定採訪政治犯家屬，以呈現他們的壓抑、等待、無奈，和被社會遺忘的孤獨。

像高爾基筆下的「母親」一樣，政治犯的母親未曾接觸過政治，更不了解殘酷的權力巨輪如何把她的孩子捲入，三十幾年後還無法歸來。她只記得在五〇年代初，孩子剛剛就讀中部地區最好的學校——台中一中時，心地如何單純，笑容多麼天真。每天早晨，她充滿驕傲的望著孩子戴上大盤帽，攜帶便當，出門去上學，期望著未來他會是醫生、被社會所敬重的人。

這孩子愛運動，參加了「野球隊」（這是日本名詞的殘留，就是現在的棒球隊）校隊，明亮健康，還非常用功，下了課常常和朋友一起讀書。

她不知道是野球隊，還是讀書的朋友出了問題。有一天，孩子出了門，就未曾回來了。有人說，是參加什麼讀書會。但母親僅僅知道，孩子只有參加野球隊，難道打球也有問題嗎？

她還記得孩子出門的那個早晨，臉上充滿朝氣，掛著純眞的微笑，開開心心的道別。卻從此未曾回家。這一離開家門，三十幾年過去了。那年才十七歲的孩子，如今變成一個五十歲的老人，竟還不能回家。

「我都老了，眞不知道能不能等到他回來……。」母親抬頭，失神的凝視著神像，說：「我每天拜神拜佛，就只希望他早一日回來啊！」

我無言了。因爲在那戒嚴的年代，我甚至可以想像，公佈三十幾年政治犯名單，還外加一個母親的特寫，這一期的雜誌保證要被查禁。我能用什麼向這母親交代呢？回到台北寫稿的時候，我不由自主的想起那凝視神像的無望眼神。她的身材矮小，背脊傴僂，彷彿被什麼力量給壓倒一般，却還堅忍著等待孩子的歸來。我也不能不想到，十七歲的時候，我就讀台中一中，和好朋友讀著課外禁書，那叛逆的歲月。而五〇年代的叛逆少年，却以三十幾年的牢獄之災作爲代價。設若我生存於那樣的年代，恐怕也不能倖免罷。

但青春，青春怎麼可以被消磨在牢獄之中，到老年還不能回家呢？想像著十七歲離家，變成五十幾歲的老人了，還被禁錮在綠島，我就難以平靜。於是，我們決定用這個主題當封面故事，把名單公佈，讓政府無法睜著眼睛說瞎話。

爲了怕查禁，我們聯絡了其它黨外雜誌：司馬文武主編的《八十年代》和林正杰負責的《深耕》雜誌，把美編貼好的版面（當時還是打字貼版），影印一份讓他們留存。萬一我們被查扣，市面上根本見不到，就由他們放在雜誌裡，繼續刊登，接力出版。總之，要讓名單公佈，讓國民政府無可抵賴。

黑底反白、以畫家吳耀忠的素描爲封面的這一期雜誌，有一種第三世界的控訴味道。不出所料，果然被查禁。雜誌也因經營不善，宣告停刊。但我們把雜誌轉給了立委，讓他們在立法院繼續質詢，一個個的唸出政治犯的名字、最初的起訴案由，以及他身體的現況。這份無可抵賴的名單，終而逼使警備總部承認有這麼一回事。這一年農曆春節前，蔣經國終於釋放了第一批關了三十幾年的政治犯。「人道主義」，他們說。

政治犯有一個小小的圈子，他們知道了事情的來龍去脈，便在一個「老同學」（這是五〇年代政治犯的專有名詞，意味著在綠島同窗，共同「求學」）的家裡，約我見面，說是要表達謝意。但我感到無比慚愧，因爲我只是一個採訪者，他們却是以生命爲代價啊。該感謝的是作爲晚輩的我們。

就這樣，我走入政治犯的世界。一個個孤寂而熱血，封閉却溫暖，可以被世界遺忘，却無法忘情於改造世界，可以被背叛，却無法背離青年時代理想的人啊！

這些因緣，是我後來了解政治犯，以及寫〈兩個朋友〉的開端。

□

在〈兩個朋友〉與〈三個朋友〉之間，如果說有共同的主題，其實是青春和友情。一則是四、五〇年代的故事。由於回憶者是李登輝的朋友郭明哲，所以不免有名人的痕跡。但另一則是記錄著七〇年代小鎮的少年成長故事。但終究是兩個朋友，和三個朋友的故事。

其實這一本書裡的主角是時間。它貫穿一切，讓歲月流逝，讓青春變色，讓人的質地產生變化，讓生命走到它應該歸去的地方。

像〈三個朋友〉裡，寫作的時候，還是妻子的角色，現在已成前妻；女兒小茵已長成十六歲少女；當年在懷中玩小恐龍的兒子，雖然才小學二年級，面容却分明有少年的輪廓。再過幾年，他也要走著當年自己曾走過的青春風暴的歲月。

在〈兩個朋友〉裡，五〇年代的青春風暴是友情、革命和時代的風雷聲。〈三個朋友〉裡，七〇年代的風暴是叛逆、聯考、存在主義和文學。但未來呢？二十一世紀的青春風暴，會是什麼？他會安然渡過嗎？我們能許給他什麼樣的未來呢？

應該說明的是，〈三個朋友〉曾以小說的型式〈終站的月台〉出現過，但在寫作的時候，卻走到散文的形態去了。當時還未自覺到，現在，把它修改，回歸到本來的面貌，自己會安心一些。

是的，時間讓我們經歷漂泊，也讓我們回歸。寫作，也無非是漂泊者百劫回歸的家鄉。最後，我想附上一首幾個月前寫就的詩，作爲結束這篇序言的祝禱。

二〇〇〇年三月十六日

守候的星辰

——爲世紀末而寫

必須用幾世人的修行
才能攜手走過世紀末的最後一刻
必須用幾代人的追尋
才能擁有千年一次的人間祝福

這世界有崩毀的樓宇
也保留了玉石般的愛情

上帝未曾多一點仁慈
却也留下玫瑰的影子

這世界輪迴如旋轉的水晶
我們走入父祖踏過的夢境
一面古老的銅鏡仍遺留著
世紀初的千萬個倒影

這世界晶瑩如露珠
比你夢中的一個影子還輕
正要由一片草葉的尖端
滑向另一個世紀

萬物存在於此刻
那些歡喜與悲傷的容顏
那些蜉蝣如塵埃的生命
都在宇宙的過道裡留存

未曾逝去的只有記憶
時間的門慢慢打開
我們懷抱孩子似的天眞
守候另一個世紀的星辰

一九九九年十一月三日

三個朋友

午夜的街道上，只有車輛來往，
我突然想大聲高喊：「流浪啊，流浪啊！」
我彷彿看見阿文，
正如他的綽號ORPHAN那樣，像個孤兒，
站在故鄉的火車站月台，青春的烈火燃燒起來了，
北上列車正由黃昏血紅的天色中駛來，
起初只是「卡噠卡噠，卡噠卡噠」，
而後列車如巨獸，轟轟然，「匡噹匡噹，匡噹匡噹」，
向著我們站立的月台衝過來。
我看見ORPHAN還在喊著「流浪啊，去遠方流浪」，
青春烈火燃燒起來，
他在烈火中站著，不知道要如何走出去……

阿文彷彿站在風中，指著我說：「不要墮落啊！」

一個迷失的電話

我是在與故鄉相隔幾百公里的台北，才見到我一直以爲已經死去的、青少年時代的朋友，綽號「ORPHAN」的阿文，在精神失常的狀態下，流浪了幾年以後，他竟然來到台北了。

這個來自故鄉的小學同學、少年時代一起追逐女生的足跡、討論未來生命理想、在家鄉月台上夢想著流浪、却早已被家鄉人視爲精神失常的朋友，已下落不明很久了，而今竟出現在自己面前。

然而眞正令我徹夜不眠，回想過往歲月的，不是他的重新出現，而是他那永遠保持在青春時代的記憶，竟如同已死去幾個世紀的恐龍化石，突然變成活生生的恐龍一樣。是的，自己的青春記憶早已在生活中消磨殞滅，遺忘如同幾個世紀前的化石，但他卻以少年時代的活化石之姿，浮現眼前。使用少年時代的語言、發出少年高亢的聲調、激情的理想、叛逆和夢想……。那早已爲我所埋葬的少年時代，頓時回到眼前。

他沒有長大，也沒有消逝，也沒有變成世故的成年人，他永遠停留在青春時代。望著這樣的朋友，那是什麼感覺呢？

我渺茫的想到「青春永駐」這庸俗的祝福字眼，心中却充滿反諷的悲哀。「青春」一般意味著健康、年輕、美麗、理想、旺盛的生命力、光滑的肌膚、無限可能的未來人生……。「青春永駐」意味著時間可以停留在生命的陽光年代。

然而，青春果眞是這樣嗎？我們回想生命中的青春歲月，其實是與摸索、追尋、叛逆、徬徨、成長的苦澀、認知的朦朧、愛情的失落、近於盲目的堅持、純粹的理想主義、絕對化的價值等等，結合在一起的。正如夏日初結的芒果一樣，有光滑、翠綠的表皮，但內核是青澀而堅硬的。

青春因此有完全相反的形式與內核。形式上（或者說是肉體上）是完全的美麗、漂亮，充滿可能性，但本質上（或者說是青春的內心裡）却是追尋的、苦澀的成長，甚至帶有叛逆與反抗的孤獨。這種孤獨和絕對化的人生堅持，本身即帶有宗教般的美感，因此使青春的理想主義有著無由言說的乾淨、純粹。便是這乾淨純粹，使青春的美感有著神秘的味道。那是與生命的成長與敗壞對照，所顯現的神秘美感。但從時間上來看，這種理想主義與肉體一樣，是一點一滴被現實所消磨，最後終於使人生走上完全不同的道路。

所謂「青春永駐」因此是極其詭異、矛盾的字眼。它包含著人的世故和期望。世故是指人們用自身的願望來解釋「青春」所包含的美好的一面。例如年輕、健康、美麗、光滑的肌膚等，也就是人們只希望保留形式上的青春。而沒有將青春的眞正內涵，例如徬徨與追尋、純粹的理想主義與失落等包含在內。所以，「青春永駐」其實只是追求一個形式上的意義，在內心世界裡，青春永駐早已失落了。

然而，如果有一個人，他的形式上的青春已不復存在，肉體與面貌已改變，但本質上的青春却依然存在，用青春時代的語言，想青春時代的事情，他沒有因著時間的消磨而改變理想主義和純粹的夢，他沒有變成世故的人，也沒有離開過青春的想法，他仍然生活在我們曾經共同擁有過的青春歲月，青少年時代，那是什麼樣的人的面貌呢？我們將會如何去看待這樣的朋友呢？

這便是我所見到的老朋友——阿文！

記憶、回憶、傷感、驚訝、惘然、看見自己、看見某一個已遺忘的時間斷片、也看見現在的自己等等語詞，已無法形容那種感覺。

我只能說：「啊！青春！」內心浮現如教徒觸摸到耶穌的死去的肉身般，全身戰慄，充滿深深的、深深的……。對生命，對別人，也對自己……。

那只是一個平常到如同泡到第五泡的茶葉一樣滋味的夜晚，妻子和女兒吃過晚飯，看完電視連續劇，在餐桌上寫小學生家庭連絡簿。由於女兒早熟，身體的發育竟一日一日的像少女，連身高也和母親一般了，妻子開始和她討論如何保護自己，但女兒却不這樣認爲，

「這些我早就知道了。」女兒說。我們相顧無言。這時一個電話打進來。

「啊？你找誰？」妻子以不耐煩的語氣對著電話說。最近有一些專出怪聲、笑聲或無聲的無聊男子的電話，甚至連性騷擾都有，妻子和妹妹都已不勝其煩，因此一聽到沒有聽過的聲音，就有掛上電話的衝動，口氣也異常不耐煩。

「什麼？AUTOBIKE？我們這裡不是AUTOBIKE的店。你打錯了。」電話迅速被妻子掛斷。「笑話！居然說我們是摩托車店？胡說八道，最近電話老是亂接。簡直太不像話了。」妻子且罵且笑。然而電話又來了。我曾經教過妻子和妹妹，最好告訴對方，這裡是八號分機，以後就不會亂打了。但他們老是反應不及，學不會。這次我用堅定的口吻說：「換我來。」並且心裡已經有打算。

「喂——」我拖長尾音，用警察式的權威官僚口吻說。

一個些微顫抖的聲音說：「喂，請問這裡是楊公館嗎？」

「是的。請問你找誰？」因爲問話的方法太奇怪了，反而更像是什麼官僚機構打來的電話，但聲音的顫抖又不像。我便用嚴肅但陌生的口氣回話，但聽不出是那一個朋友。

「請問有沒有一位楊炤濃先生？」這個聲音問。

「我就是。請問你是那位？」我說。

「喂，ALLRIGHT，我是ORPHAN啦！阿文啦！」他的聲音還是有點抖，但聽起來非常興奮。「我現在在台北。」

哦，ORPHAN，這個被故鄉的人視爲精神失常的人，我一起成長的弟兄，你竟然還活著！我在心中說。

「你怎麼會在台北？現在在什麼地方？」我問。但腦海中却浮現他如同常見的游民，全身破爛的衣著，白天在街道遊蕩，夜晚在公園的長椅上睡覺，撿拾夜市的食物。如果在家鄉，可能還可以生活著，夜晚至少有個去處，但在台北，他要怎麼生活呢？

「就在你以前住的地方。」他說，並解釋道，因爲只有我以前的住址，他竟跑到原來我的住處去了，用我們高中時代的辦法，在樓下高呼我的名字。幸好那兒住著的是原來樓下修車廠的老闆，原本就互相認識。但他不相信阿文是我的朋友，竟然不願把我的電話告訴他，他只得打電話回台中老家，問我的母親，然後才知道我現在的電話。

「你出來吧！」他興奮的說：「我請你去夜市吃東西，喝酒。」

「這樣吧，你先告訴我，你現在站在那裡，我開車去接你。」我說。他說，就在我以前的住處。別動，在那裡等我，我說。

「是誰呀？」妻子問。ORPHAN，記得嗎？我跟你說過，高中時代的好朋友，和志宗一起長大的朋友啊！把後面的房間整理一下，他可能要住在這裡。「什麼？他不是精神不正常嗎？」妻子說。「看看吧！」我說。

車子緩慢穿過敦化北路時，我才認眞想起媽媽剛剛的電話。就在ORPHAN電話掛上後，媽媽打電話進來了。「餅店的孩子，他怎麼會這樣呢？那時候，看你們穿著台中一中的制服，在我們村子裡，是多麼讓人羨慕。那麼清秀，那麼聰明的孩子，怎麼會這樣呢？」「那時要考聯考，他不是還教過你數學嗎？他不是很聰明？是什麼事情讓他變成這樣？」「可惜啊，想到你們那時候的樣子，怎麼樣也想不到他會變成今天這樣！像一個精神失常的人，到處走來走去，全身髒兮兮，好像無家可歸，沒人照顧的樣子，眞是可憐！」

「餅店的孩子，餅店的孩子，……」我在心中重覆這古老的名詞，於是想起那一段久已遺忘的、沒有姓名的歲月，騎著自行車在家鄉的小街上，追尋著鄉村另一群少女學生的歲月，那讀著赫塞的《徬徨少年時》、《鄉愁》和王尙義、存在主義的歲月……，以及當時我們相處的情景，那由阿宗——這個「剃頭翁的孩子」爲主體所共同構成的、三個朋友的青春歲月。

沒有姓名的歲月

在我們的青春歲月，我們都註定要經歷一段沒有姓名的時代。

在故鄉小小的村子裡，只有那麼幾家店面，兩家醫院，一家理髮店，幾家糕餅麵包店，兩家打鐵店，兩三家小吃店或食堂，兩三家雜貨店，就是這樣，我們不需要名字，在成長的歲月中，我們只是誰的孩子。我們還不是自己，只是「餅店的孩子，理髮匠的孩子」。在村人互相熟識的面容上，人們可以由尚未發育完整的、胚胎般的面孔，立即看出這是誰家的孩子。那些特徵生長在太寬大的額頭、鼻樑的高低、上翹的嘴唇等等的組合上，於是大人誰也不必多說，只要看見特徵，就可以分辨這是誰家模子印出來的人物了。

我的好朋友理髮匠的兒子和餅店的兒子，兩個都住在小村的熱鬧街道上。街道是沿著鐵道經過的火車站門口向外延伸，而自然形成的居民商業活動區。街道兩旁盡是和農村土堝厝不同的水泥小樓或商店，有兩家醫院，一個姓林，一個姓鄭。醫生的兒子和我們年紀差不多，但由於家長的不同出身和背景，自然而然不會緊密相處在一起。他們的兒子從小就穿著整潔的制服、白淨的鞋子，和漂亮的書包，上學時受到老師的疼愛。他們的父親也是鄉人敬重的對象，白色的醫師制服，充滿藥水氣味的屋子，家長會長，以及在畢業典禮上致詞贈獎。

但我們不一樣。打赤腳，在街道玩紙牌，打彈珠，身體老是因爲太頑皮弄得髒兮兮的。學校放學時，還要一邊打鬧，一邊走回家。那時候，我和阿宗、阿文還未熟識。只是同一個學校而互相認識而已。要直到快高中聯考前，我們才眞正認識。

十六歲那一年，夏天黃昏。我在街道上理髮匠的兒子家門口停下。他的父親已經喝酒，帶著幾分醉意，雙腳抱在胸前，坐在一張小圓椅上，後背倚靠著電線桿，正瞇斜雙眼，望著街道上往來的行人。「歐基桑，阿宗在嗎？」我問。

他並不回答，直接回頭叫：「喂，阿宗，那個做鍋爐的兒子來找你。」「你老爸怎麼這麼久沒有來剃頭了？」他醉醺醺的眯著眼睛說。但我倒佩服他這種坐在小椅子上的能耐。

阿宗由幾個「剃頭婆子」（那時對理髮女郎的稱謂）的身邊穿過，走出來。他長得一個大大的頭，上面戴著深度近視眼鏡，看起來特別老成。我們有時叫他「翁大頭」，但他不是很喜歡，所以就叫他「老翁」。在他家理髮店裡，有幾個年輕女孩，都是十七、八歲，來自更鄉下的濱海農村或山地邊緣，跟著阿宗的父親學理髮手藝。這樣的學徒制，一般要幾年才能出師，這時只能做些洗頭、吹乾的工作。她們看著阿宗由抽屜裡拿出幾塊錢，回頭向父親說：「我們出去一下。」我們一齊騎上自行車，去找「做餅的兒子」，阿文。

阿文家在街的另一頭，門口常常飄著餅香、麵包香。平時接受婚喪喜慶訂做糕餅，過節時，就做月餅。現在是黃昏，沒什麼生意，他的父親在燈光下枯坐著，瘦長的面容轉頭向木板樓梯上喊道：「喂，阿文，阿文哪，那個剃頭翁的兒子，和做鍋爐的兒子，來找你了。」阿文青澀的童音在樓上回道：「哦，我來了。」

這就是那個年代的我們。在他們的心目中，我們是沒有姓名的人。有的只是父親和家族給的標誌。有時當然也會跟著父親職業的轉變而成為另一種職業者的兒子。我們不需要證件。在這個小村子裡，面容就是證件。

在有烘烤月餅的香味的門口，阿文出來了。他的面容上有一對出奇大的眼睛，單純而溫柔得像一條魚。身體單薄瘦小，像一個沒有發育完全的孩子。連喉結都未曾長出來，聲音不像我們有少年的沙啞和尷尬。連險上都沒什麼青春痘。但我們都認為他很聰明，數學考得非常好，常常是全校第一名。我們都覺得很奇怪，他的腦袋是怎麼裝的，就是和我們不一樣。但他也覺得我們很奇怪，數學就是你按照它的方法去算就好了，怎麼會弄不懂。

我們騎著自行車在街道巡行，一邊故做成熟的樣子，議論著村子裡的女生。那時我們都已聲稱自己心目中有理想的愛情對象。讓我們互相認識並熟悉起來的原因，也正是那心中的愛情對象。正如三個公主讓「三個劍客」合作一樣。我們追求的對象都是國中同一升學班的女生。這時還是男女分班的時代。

我仍能記得初相識的情景。那是國中三年級時，因為父親生意失敗，常常在外不歸以躲債，而母親則因父親用她的名義所開的支票跳票，先是被通緝，隨後被捕入獄。家中遭逢經濟上的困難，討債的人常在家裡盤踞，甚至暴力相向，砸破桌子椅子是常有的事。更惡劣的是，還有人用各種動物名詞，咒罵我的父親。身爲人子的自己如何忍受呢？我非常無奈的隱忍著。而明知無法處理却只能忍受的祖母，用最卑屈的態度，一再陪不是。

聯考在即，家裡却無法讀書了，我只好到學校裡借教室來讀書，以應付即將到來的高中聯考。便是在那時重新和小學的同學「剃頭翁的兒子」和「餅店的兒子」熟識起來。因爲他們已在校內各自尋找到自己心目中的「愛情」了，而我也是因爲追尋一個小學女同學的足跡。

現在回想起來，青春的眞正脆弱不是盲目和徬徨，而竟然是孤獨。因爲家庭的生活困境，連讀書、正常生活都有困難，我已自卑到無由去向什麼人訴說，只能自己設想家庭破碎後的可能後果，或者用武俠小說的語言來說，是在一種生活困境的仇恨中生長起來的孤獨，使得自己無法如正常孩子一般歡樂，於是開始追尋、逃避，以爲這世間有永遠的理想，浪人不必流離失所的烏托邦；以及相愛的女性，她可以眞正理解這一切孤獨。這個悲哀的願望，便在生活中化身成爲一個自己從來未曾觸及的女孩。而這個女孩，是我的小學同學。我的單戀開始了。我在夢中向她訴說自己的一切孤獨，家中的困境，未來的理想。我總以爲，她以後一定會了解的。

爲了追尋這個女孩的足跡，我常常在下課後，等待在她回家的路上，只是爲了看她一眼，像個卑微的植物。也曾爲了讓她看見我，而拜託一個同學傳信給她（當然是表達愛慕的情書）。但沒有回音。暑假來臨時，她已不再上課，我只得到她上課的學校，去看看可不可能碰見。然而眞的碰見了。她也來學校自修，準備高中聯考。

那時，我便看見穿著自己心中的第一志願學校「台中一中」校服的「剃頭翁的兒子」，在學校的操場上，像一個籃球國手一般，時而閃身躲避，不斷翻身上籃，身手敏捷。這個在紅葉隊興盛而帶動台灣棒球風氣時，曾經擔任小學棒球隊捕手的阿宗，我早已認得，便互相攀談起來。這時已是暑假開始，學校爲了鼓勵升學，開放教室讓學生來讀書。國中裡還保留上課下課的鐘聲，老師偶爾也來學校輔導，自修的學生便依照鐘聲自己調整時間。下課時間到時，我便見到阿宗的身影更加活躍了，彷彿是爲了表現給國中二樓的女生看一般。等到黃昏來臨時，女生逐一下課，成群結隊回家了，阿宗便騎上自行車，似乎也是下課，跟在女生後頭走了。這時，即使他不說，我也知道，他也是爲了追女生而來的，我們是同一類人。當天黃昏，他就找我到一家冰果店去聊天，目的當然想弄淸楚，到底我的對象是誰。

幸好，彼此追求的女生不同。於是相互約定，一定互相告知，互相幫助。當然，他在高興之餘，一再答應要幫助我複習功課，以考上台中一中。對於我的家世和生活，正如每個少年一樣，誰會在乎呢？在愛情的面前，在考上一流高中的壓力面前，誰會在乎呢？我看著他的制服上繡著的「台中一中」的字樣和學號，心中不禁升起尊敬和信服的想法。而在一旁沈默的、如同阿宗徒弟的阿文，更是如此。他說：「只要好好考上一流高中，還怕什麼女孩追不到嗎？」

「就是這樣！」用老大的口吻，阿宗說。

曾經是小學同學的我們，曾經在學校都是佈告欄上貼過模範生照片的我們，原本並不熟悉，甚至連好朋友都稱不上，但因爲青春時代，朦朧的愛情願望，徬徨而又處於考試壓力下的心情，終於有了共同追求的目標和愛情。這願望，演變成我們後來的友誼，但是不是後來阿文精神分裂的根源呢？

那一年夏天，在家人的鞭炮聲中，阿文和我都如願進入台中一中。而母親出獄後接掌父親公司的財務，也讓家裡的事業開始好轉。

我們繼續在家鄉的街道巡行，爲了尋找自己心目中女孩的足跡。即使只是一點一滴，偶爾看一眼，都滿足無比。和阿宗、阿文同一個學校，使我們更加密切的交往起來。我們到處探聽，尤其是已經畢業的女生，有些已經是一個日據時代遺留至今的大紡織廠的女工，黃昏時穿著薄薄的洋裝，走過家鄉的小街。我們於是透過一個畢業後進入紡織廠工作的朋友（他英俊又風流，長得像文夏，保證可以向那些女工探聽到消息，但被我們嚴禁接近心目中的女孩，因她們還在上學），探聽到自己想知道的女生的消息。例如她們的活動場所、喜歡的東西、信仰的宗教等等。這時一個令人歡喜的消息傳來了。

那時，我們在巡行中，已經過每個女孩的家附近，但未見到她們的足跡，也去過一些村子裡，好女孩可能出沒的地方（如書局、雜貨店、冰果店等），都失望無比，只得去找那個朋友了。他說，其中一個女孩的姐姐信仰基督教，最近常常帶她們去一家基督教的青年團契，大家去試試看。於是相互約定，下一個星期六，也就是青年團契的時間，大家先在阿宗的家門口集合，然後一起出發。是的，在那樣的歲月中，我們決定集體追求，集體「探險」。

牧師的難題

長大以後，我開始相信，當時教會的牧師和他的太太在看見一群男學生，走進教會裡，探頭探腦，心不在焉的四處觀望時，心裡一定明白，這些孩子不是爲了上帝而來，而是爲了上帝創造的夏娃。

教堂位在小村的一條巷子裡，那地方原是一片農地，後來中油在後面蓋了機件修理廠，以及一排宿舍，便使農地改變了面貌。但教堂佔地不算小，也還是有一個庭園、花圃，維持得相當整潔。牧師的一家人就住在教堂的後面。牧師是一個大陸來台的人，有濃重的外省口音，但由於見過的大陸人太少，我們無法分辨是什麼地方口音。但他的太太却是道地的本省人，長得骨架高大，五官線條分明，聲音更是宏亮，和經常彎腰駝背、低聲細氣講話的牧師在一起，有如一個高大的母親和兒子在交談。他們有三個孩子，正在上小學。我們到的時候，牧師的孩子還在庭院裡練習騎小腳踏車。

打頭陣的當然不是學生，而是白天已經在紡織廠工作，晚上就讀夜間部的「文夏」了。他生得俊秀斯文，口才流利，社會交際的場面話已可以說得上口，便推他上前向牧師道：「我們是村子裡的學生，因爲想了解基督教信仰，我們也希望找到自己的信仰，所以想來這裡看看。」

「歡迎，歡迎。」牧師有些訝異，但習慣性的說：「這裡隨時都歡迎你們來。」隨後他介紹了青年團契的時間是每個星期六晚上七點到九點。但這時，大家所看見的已不是牧師。我們目光散亂，東飄飄，西瞧瞧，只關心自己心目中的女生到底來了沒有。

七點正。青年團契開始時，男女是分開兩邊坐的，幾個男生希望看見的女生來了三個。大家看見平日只能遠遠跟隨，注視其背影的女孩，現在是這樣近的坐在自己的面前，甚至可以看見眼睛上的睫毛。那種陌生感立即征服所有男孩的野性，每個人乖得不像自己，反而害羞的低下頭，不知能說什麼、做什麼。連手都不敢放在桌上。女生自然也不例外。後來，據其中一名女生說，她們也因爲看見我們而嚇一跳，心中也驚慌害羞，不敢抬頭。

幸好，青年團契有最好的開始，唱聖詩。七點多，牧師發下聖詩的歌本，每人翻開第幾頁，便開始唱起來了。最初，大家聲音都很小，因爲害羞，也因爲不會唱，等到幾遍以後，聲音就大起來了。「文夏」天性大方，有意起帶頭作用，果然聲音慢慢宏亮。不久，大家就同時自然起來，似乎遺忘了男女初次相見的不自然，融入到哈里路亞「歌頌上帝」的歌聲裡了。

牧師似乎也有意帶領這些孩子進入上帝的世界，一開始先從上帝的幾天創造世界閱讀起，但怕自己閱讀太枯燥，他也要我們一個人讀一段。就這樣，我們低著頭，一個個進入一個全然陌生但又不相信的世界。唯一的眞實是女生的聲音。終於聽見了，那種細細的、害羞而充滿少女的清純的聲音，使得原本枯燥的聖經，突然變得神聖起來，而有著詩歌的味道了。

牧師的講道非常老套，無非重覆聖經上的句子。其實也沒有幾個人在聽，但我們都作出認眞專注的樣子，爲的就是要掩飾來教會的眞正目的，讓牧師信以爲眞。臨結束時，牧師說，現在我們的講道就到這裡結束，大家有沒有問題？

大家相顧茫然，女生當然低著頭。沒有人敢互相觀望，都看著牧師。牧師也有些不知所措。在所有茫然的眼神中，他只好說：「如果沒有疑問，那我們再來唱聖詩吧！」

離開教堂是男女分別離去的，我們免不了要興奮的聚在一起，議論一番了。最先發難的是阿宗：「下一次一定要準備，好好發問，讓她們看看我們的水準。」

「要有水準。」阿文說。

下一個星期六，果然，在牧師講道後，阿宗就以宏亮、但有些緊張的聲音說：「上次我們在聖經裡提到上帝創造世界，這個說法和中國莊子裡面的故事，很像。就是說，天地之初，有一個名叫混沌的，因爲他什麼都不知道，就有神想爲他創造知覺，開啓七竅。不料被鑿開的混沌，有了七竅以後，却因此而死亡了。不知道，是不是和聖經裡，上帝創造世界以後，亞當和夏娃却吃了蛇給他們的蘋果，人類就墜入萬劫不復的受難，是不是一樣的？」

一生都在讀聖經的牧師，突然碰見來自中國哲學的問題，也訝異的說不出話來。女生用茫然的眼神看著牧師，牧師低頭想了一下，說：「可能有些相似的地方吧！這個值得再研究。我想我們的疑問，還是在聖經裡來找解答吧。現在翻開聖經……。」

其實聖經裡的內容和問題也沒有相關，只是描述舊約上帝的神跡而已。牧師大約以爲我們要找的是上帝的神跡和與神話有關的故事吧。由於注意到牧師無法回答，大家都以爲這是很聰明的問題；當然最重要的是它已引起女生的注意，這帶給我們很大的鼓勵。下星期的重點，自然而然就變成找牧師來詰難了。而且，爲了把問題弄複雜，我們開始找存在主義的書。存在主義幾個大師（如尼采、叔本華、齊克果、卡繆、卡夫卡）的著作，在六〇年代末、七〇年代初，正是台灣興起現代主義的時候，被大量翻譯過來。我們便抱著那些半生不熟的翻譯，死活亂啃起來。

這時還有一本名叫《上帝之死》的書，是台灣一個搞存在主義的作家寫的，作者叫「漆木朵」的，本名叫孟祥森，乾脆把舊約、新約聖經拿來批判，並且舉證說，舊約聖經中的上帝和新約聖經中的上帝是不同的，所以上帝是人造出來的。這些作品提供我們一個可以向牧師詰難的理論基礎。於是所有奇談怪論都出現了。

場景一：「在存在主義作品裡，他們說上帝應該下地獄去。」所有人的眼光都放大了，連牧師也張開了嘴巴。但阿宗接著著說：「他們的理論是，上帝既然要拯救世人，在最苦的地方和受苦的人在一起，天堂當然沒有什麼應該拯救的人，他們都已得到赦免，沒有罪惡了。唯有在地獄，仍然充滿受苦的人，他們才是上帝要拯救的對象。那麼上帝到底應該在天堂還是地獄呢？」

牧師在驚訝中，還不知如何反應時，阿宗又說：「但是如果上帝下到地獄去，那不是很違背上帝應該在天堂的原則嗎？那不是很荒謬嗎？但是如果上帝只在天堂，又要如何拯救苦難的罪人？」

牧師不知如何處理，訝異的支吾著，低頭翻看聖經，最後只能說：讓我們翻開聖經第幾章第幾節，來尋找心中的答案吧。但很顯然的，這時他也慌了，章節和問題根本對不起來，而聖經裡可能永遠沒有這個答案。但女生都被這個聰明的問題所吸引住了。眞正目的也就是這樣。而不是信仰或上帝在什麼地方，要拯救什麼人。

場景二：「尼采在他的作品中宣稱，上帝已經死了，他死在人們的膜拜下。因爲人們只看見表面而沒有看到上帝的本質。所以人們眞正的信仰應該是用自己的行爲，來反抗世俗化的宗教；用眞正的精神去印證，人本身就是上帝的化身。人不需要上帝也能證明自己的存在。但這樣上帝存在又有什麼意義呢？」阿宗說。

牧師和他的太太都搖頭了。他們一生信奉基督教，除了聖經以外，恐怕從未聽過這麼離經叛道的話，也不知道什麼是存在主義的書。但它又出自年輕人的口，啊，這些失落的年輕羔羊！最後他們只能以失落的孩子來看待我們，說：「上帝曾經應允，要讓迷惑的人得到答案，要讓迷途的羊回到家裡，即使只是失去的一隻，在上帝心中也一樣重要。讓我們來看聖經的這一個章節吧！」

沒有答案，但答案已經寫在女生漸漸尊敬起來的笑容裡了。阿宗追求的女生已漸漸信任了他的聰明和學識的淵博，在教會活動結束後，還會留下來討論一下。但我毫無進展，還在單戀。而阿文却已經找到自己心中的愛情對象了。我不知道他的眞正原因。到底是因爲大家都有，而他沒有可以討論的女生對象，所以必須找一個，或是他眞的那麼愛慕，就難以分辨了。因爲有誰能在青少年時代就那麼明白自己愛的是什麼？爲什麼而愛呢？

阿文愛戀的女生是一個台中女中的女孩，住在離教會不到一百公尺的地方，身材高佻修長，有明亮的眼睛和甜美的圓臉，皮膚是看來很健康的淡褐色。但我怎麼都難以將她和阿文放在一起，因爲阿文太瘦小，她太高佻；阿文太單薄，她相當豐滿。不過這有什麼關係呢？世上還有誰能阻止單戀？愛慕不行嗎？單戀不行嗎？追求不行嗎？身高尺寸有什麼關係？

初戀使人變得要努力表現自己最美好的一面，加上對牧師的詰難與對基督教教義的批判，已使大家疲倦，不再那麼有趣，大家想方設法要做一點教堂外的活動。郊遊，太老套、太救國團了，這那裡是「存在主義青少年」可以幹的事？而且既然要發展更進一步的關係，一定要離開教堂，走到別的地方去。但怎麼樣才可以做到呢？

善良的願望、初戀單戀的美好心情，以及基督教的慈悲教義結合起來，那一年冬天，春節之前，有人提議在過年前，到孤兒院去陪伴孤兒，慰問孤兒，因爲「在酷寒的冬天來臨時，這世界上還有人沒有家，沒有溫暖，需要我們伸出溫暖的手」。這一群少男、少女都很高興，可以一齊做什麼事了。各人回家湊出一點錢，其餘由牧師向其它教友募款。這一次孤兒院之行，便是阿文綽號 ORPHAN 的由來。

慈悲的冬天

孤兒院在台中市區一個偏僻的巷子裡。那是一家公立孤兒院，在聽聞我們這個教會要去時，表示歡迎。當然我們帶去的不是豐富的物質，而且我們也無法拿出多少錢。我們只是去陪伴小朋友一個下午，將帶去的糖果餅乾衣物分給小朋友。我的感受是難以言說的，因爲就在一年多以前，父親在外躲債、母親爲票據法而逃亡時，家庭曾瀕臨破碎的邊緣，我曾設想自己和弟弟妹妹的未來，如果住家被法院拍賣了，或許我們會流離失所，無家可歸。當時自己在心中構築過貧民收容所、孤兒院、免費醫療醫院等。現在，家境好轉，眞的看見孤兒院與沒有家庭的孩子，才明白孤兒院的孩子眞正需求的是情感。沒有物質依靠的生活還不是最嚴重的，因爲饑餓和匱乏可以用動物般的仇恨來餵飽。即使我們在那兒也能感覺到，他們需要的是家人般的感情，而這一切，孤兒院的教育確實難以做到。我們也無法在一個下午做到。

黃昏離開孤兒院時，大家心情都非常沈重，幾個女生眼中含著淚，互相很少交談，直到一個朋友突然悄悄地說：剛才看到阿文，身體這樣瘦小，穿插在孤兒之間，不注意看，還以爲他是眞正的ORPHAN呢，我還想叫他過來吃東西哩！大家都笑起來。阿文自己也笑得一塌糊塗，直罵他什麼說法，這麼大一個人，誤認是ORPHAN，太可笑了。但這個綽號卻一直跟隨著他，直到長大以後。

直到長大以後，我才明白阿文在當時是多麼不喜歡這個綽號。他自小就瘦小。不知道爲什麼，小學開始，他的衣服就穿得比別人多，彷彿特別怕冷，而且衣服像一層一層疊上去一般，在小學制服的外面，老是露出裡面的衛生衣、毛衣，最後才是冬天的黑色制服。一層層的制服，又老是佝僂著背，使得他看來更加瘦小。在流行瓊瑤電影、秦漢林青霞配對、秦祥林林鳳嬌配對的年代，男生的願望無非長得一米八，像電影上那樣，而女生心目中的白馬王子，也無非如此。我們和阿文的身高都不合格。阿文對此尤其自卑，不斷跑步、運動，希望藉此改變自己的身材和身高。大家也開始注意外表、穿著。當然大家都不是白馬王子，所以必須比別人更有內涵，更有學問，於是開始以存在主義的「基本教義」來「反叛」形式上的東西、沒有內涵的東西、那些只會救國團那一套的郊遊、烤肉、團體遊戲的同學。我們開始自認「不俗」，內涵出眾，叛逆世俗，愛好文學、哲學，不同一般鄉村裡的常人。當然主要是自認不同於一般的學生了。

那一年冬天，是慈悲和愛情結合的冬天。就在去過孤兒院不久，台中一條鬧市街道發生地下爆竹工廠爆炸事件，蔓延成嚴重火災，災情非常慘重。牧師帶領我們在教堂中禱告時，祈求上帝憐憫受災的人們。阿宗代表向上帝禱告，他用動情的聲音說：「上帝啊，我們在天上的父，希望你能看見，年節即將來臨了，但卻有這麼多的人無家可歸。他們本身是無辜的，却受著這樣的苦。請你引導我們，讓我們可以幫助他們吧！」

大家在團契後，商量了好久，也找不到辦法來籌錢。也許是禱告的聲音感動了上帝，這時聰明的阿宗突然想到，既然就快要過年了，每個家庭都會買春聯，爲什麼我們不寫書法，做春聯來義賣呢？「即使只是一點點的錢，也可以讓他們感受到溫暖啊！」阿宗說。這個主意立即得到一致的贊同，但眞正能寫得一手好書法的人，其實正是阿宗心目中的女子——阿華。阿華是家鄉附近一個小學校長的女兒，從小就書香門第，教養良好，從小學、國中到高中，常常代表學校參加校外的書法比賽。此一建議，當然非要阿華來做不可了。而我們男生，就是負責買用具，裁割紅色春聯紙，以及準備寫春聯的詞句。並且，春聯要分類，因爲有各式各樣、不同用途、大小不一的春聯，從單純的「恭賀新禧」、「春」、「福」，到「六畜興旺」、門聯等等，都要有。

幸虧這阿華家裡兼開一家書店，便拿來一本春聯集錦，總算解決這個難題。但問題不僅這樣，平常寫是一回事，眞正要拿出來賣却得是職業性的寫法。阿華的書法就是太像學生比賽的正規書法了，跟街上賣的春聯根本不像。但一邊寫，膽量一邊就出來了，反而以快速度隨便寫來，更像是街上賣的。這時換我們男生麻煩了，因爲這春聯要晾乾，大家便一起拿來排在地上，等乾了，再分類放好。整個教堂在春節前，都掛滿春聯。而少年男女也因此互相熟識起來。

有一夜，大家都正經的做完春聯排列工作，離開教堂後，阿宗突然提議要去吃東西喝啤酒。他興奮的說：「我有重要的事情要宣佈。」到了麵攤子上，一陣議論後，阿宗突然又害羞起來。他不斷推著深度近視眼鏡，說：「等一下。」等到一杯酒下肚後，他才以不無驕傲的聲音放膽說：「剛才我偷偷跟阿華『肉慾』了一下。」

這話是用台語說的，「肉慾」二字聽來相當陌生。我忍不住問：「什麼？」

「肉慾。」阿宗終於用國語說。起初我實在搞不懂他在講什麼，等到明白字是怎麼寫的，又不明白其意義，想到剛才大家都在工作，有什麼「肉慾」的可能，就問道：「到底怎麼『肉慾』的？」阿宗吞吞吐吐半天，才在阿文和我的追問下，說：「就是趁說話的時候，偷偷拍了一下她的肩膀，她也沒有拒絕哩！」

「什麼時候？」阿文問道。

「就是剛剛寫春聯的時候。」阿宗說。「本來我是要去接她寫好的春聯，但因爲她寫錯了一個字，所以我拍拍她，說寫錯了。」

「她有什麼反應？」阿文問。

「好像沒有不高興的樣子哩！」阿宗說。

「就是這樣嗎？」我忍不住問。因想像中的「肉慾」好像不僅是這樣而已。

「就是這樣。」阿宗坦白的說。

「啊，諾曼地登陸。你是第一個佔領敵方基地的勇士。」另一個兄弟阿明突然反應過來，立刻說。他也是我們的故鄉同學，爲了女生一齊來教堂的。「偉大的一日，值得慶祝，舉杯吧！」

「爲了『肉慾』！」大家用台語重覆阿宗創造性的「肉慾」二字。

爲了怕春聯無法推銷出去，大家先分頭賣給親戚朋友。但能推銷出去的畢竟有限，最後只能放到阿宗家的門口，也就是他爸爸喝醉以後靠著的電線桿旁邊。那是家鄉的熱鬧街道，春節前照例人群熙熙攘攘，是個很好的販賣點。不料，除夕前一日，春聯擺出來後，大家才發現在街道賣東西是一個如此奇特的經驗。平日買東西的人，成爲推銷東西的人，角色互換，心情也立刻不一樣。

我們起初相當害羞。阿文沒有這種經驗，也沈默的站在旁邊，等著顧客上門才回答。這時阿宗的媽媽，一個身材高大、聲大氣粗的婦人，突然由理髮店裡面走出來，哈哈大笑道：「怎麼這麼大一個人，賣東西還跟查某囝仔同款，害羞什麼？」她邊笑，邊向走過的顧客道：「來，來啦，這是爲了興中街火災義賣的，錢要捐給他們的。你們買了，就算做一件好事。」果然，顧客就上門了。她在顧客轉頭之際，還是大聲說：「又不是什麼壞事，怕什麼？賣東西也不犯法哩！」

雖說不犯法，但警察還是來了。他們的說法是沒有攤販登記，但阿宗的媽媽出來，用理直氣壯的態度，大聲說道：「唉呀，你看看，這是義賣呀，是爲了可憐火災的人，又不是賺錢，要什麼登記？警察大人，你看，這些都是孩子，都是台中一中的好孩子。你看，你看，他們還穿著制服，難道會騙人嗎？」阿宗的媽媽要我們秀出學校的學號。我們又趁機會對警察說了義賣的宗旨，果然就不再找麻煩了。甚至，警察還主動去跟地方記者說了，他們居然來拍照，寫了新聞稿在報上發佈。往後，阿宗果然秉承乃母的勇氣，在街道上叫賣起來，生意竟然非常的好，連最後剩下的幾張都有人主動買走。這出乎我們的意料之外。

最滿意的當然不只是我們，牧師高興得頻頻向上帝致謝，感謝上帝的關愛讓事情順利進行，以及這些孩子終於不再找他的麻煩，要上帝去地獄拯救罪人，反而都學乖了，學會去愛受苦的人、關心受難的人。阿宗的興奮是難以言喻的，大年初一，大家都相約在教會見面，互相拜年，因爲過年前太緊張了，這時才有機會鬆一口氣，穿著新衣見面。男生偶然在私下裡，會向阿宗竊笑「肉慾」二字，他也高興的笑起來。這個極爲「肉慾」的字眼，在青少年的眼中，只是比交換眼神多一點碰觸而已，卻可以高興的創造出台語的「肉慾」想像。阿宗當然成爲被尊敬的對象，因爲我和阿文（這時他的綽號已變成 ORPHAN 了）以及其它人一樣，沒有任何進展。

愛情只是爲了它自身

我們在少年的時代，常常自問什麼是生命與愛情，也追求愛情，但眞正的意義不是那麼清楚。等到生命在時間中淘洗，如同台灣東海岸被海水沖擊而斷裂的塊狀大理石，在海洋和浪潮中不斷磨蝕，最後變成一顆圓潤的小石頭，輕微渺小，被拋上岸，等閒的在陽光中曝曬。我們變得孤寂安靜，終於能聽見海的濤聲、風中的海鷗呼喚，看見天空的雲影。回憶之門慢慢打開。這時，浪潮的力量、磨蝕、撞擊、暈眩、追尋的意義，才會顯現出來。但時間已經過去二十年了。然而，「愛情」的複雜意涵將會和生命、或者理想自身一樣，雖然稍稍明白，卻又無由言說。

直到成長以後的現在，我仍難以忘記自己和阿宗、阿文第一次喝酒的情景。像是回憶一場「成年禮」的祭典，直到現在，我仍試圖記憶當時十七歲的對話，去摸索每一個儀式、詞句、眼神，到底代表什麼意義。我曾想以一些別人的理論、概念或分析，去解釋青春時期的愛情，然而更加撲朔迷離。青春所顯現的也許不是理論，而只是其自身。並且也只有自身，才是最後的答案。

那是一個秋天的夜晚，我們在去過阿華和另一個女孩子阿惠家以後，騎著自行車，阿宗興奮得無法安靜，在吃完麵之後，突然提議去買一瓶酒和一些小菜。我沒有喝過酒，便安靜的看著阿宗為了愛情而快樂得如同小孩。

經過一個學期後，阿宗和阿華的交往慢慢有了進展，但大約停留在交談的程度。阿宗升上高三，升學的壓力立即來臨，而我低他一屆，暫時問題不嚴重。但我們開始在學校搞一個文學社團，阿宗當社長。我們已叛逆到覺得聯考是束縛人性的壓力，一個集體壓抑的社會悲劇。文學的確比聯考有趣多了。我們別無選擇，卻又不甘心，開始在圖書館看大量的課外書。偏偏這時的台中一中附近的書店偷偷賣不少禁書，其中李敖、柏楊都有，而台中省立圖書館裡，更有李敖的大部份文星版的書，我們開始讀這些書。同時，老師之中，更有人聲稱，李敖是他的學生，是台中一中畢業的，因此台中一中圖書館裡，有不少李敖看過的書。幾個同學到那裡去找，果然找到幾本借閱者上面有署名「李敖」的書，就虛榮的借回來炫耀了。我們也開始和中興大學的文學社團搞聯合「座談」，談當時流行的王文興的小說《家變》，佛洛伊德的「戀母情結」，以及新詩、散文、小說。也有人開始寫「現代派」的詩。

有一天，一個同學突然來到教室告訴我，最近有一本書被查禁了，現在台中一家書店還有，趕緊去買，作者是陳映眞，書名叫《將軍族》。我爲了怕作者的另一本《第一件差事》也會隨後被查禁，兩本一齊買了。而後開始議論爲什麼被查禁。有人說是因爲封面；有人說是因爲內容中寫到放鴿子時，拿著紅旗在風中揮舞；還有人說是因爲寫「安那其主義」的那一篇。但只要是禁書，就令人可以快樂得議論半天。而後文學的討論就進入黃春明、王禎和等人了。但我終究是一個平凡的、低一屆的學弟，像弟弟一般，只是跟隨著、看著，不知道自己有沒有才氣，即使寫了詩，也只是藏起來，自己暗暗的看。

阿宗比我高一屆，他們關心的話題却更有趣——中西文化論戰。他們班上同學依自己的想法自動分成兩派：傳統派和西化派，仿照文星時期的中西文化論戰，也照樣在班上論戰起來。阿宗當然是西化派的，他的議論激烈，氣勢驚人，寫文章和陳映眞的文風正好相反，不知道爲什麼很少用「的」這個字。據說是嫌「的」太囉嗦，阻斷文氣。爲了加強論戰的火力，他埋首在台中省立圖書館把遠東版《胡適文存》全部看過（這一點不必懷疑，因我後來借閱時，果然都有他的署名），甚至連論戰對方的文章，也毫不猶豫的看了。但聯考是什麼，却忘記了。

除了學校的論戰，主要的訴說對象當然是心目中的女生了。這時阿宗已爲了聯考而離開街道上的家，搬到靠一條小河流附近的社區裡，那是一幢二層樓的連幢透天厝，阿宗的父母新買的，樓上住有一對夫婦上班族。樓下有一個小客廳和房間，但客廳沒有佈置，只是用來放置我們的腳踏車。而阿華則因爲聯考讀書的緣故，也搬離開家，寄宿到阿惠家裡，這裡離阿宗的住處更近，一百公尺不到，走路只要三分鐘。但兩個人的見面却非常正式，由阿宗到阿惠家裡，幾個人規規矩矩坐在客廳，像客人一樣聊天。

那一天黃昏，我照例拿著書本去阿宗住處，溫習功課。他正在讀一本存在主義概論的書，還相當認眞的作筆記。我好奇問道：「準備寫文章嗎？」

「不是。」他繼續認眞的看書，頭也不抬的說：「等一下要用到。」

「幹什麼用的？」我問。

「要去阿華那裡，聊天。」他說。

「找女生聊天，怎麼這麼認眞？還作筆記呢！」我笑了起來。

「怎麼不用作筆記？我要和她講存在主義的思想發展史，不做筆記一定會忘記。」他說：「上次她問起存在主義作家有什麼區別，尼采和叔本華的思想有什麼不同，我一時還答不上來哩。本來我們在一起隨便蓋蓋就可以了，但她那麼認眞，我不能讓她失望。當然要做一個哲學大師！」

「那也是，不做哲學大師，至少也要作哲學大師狀！」我笑說。

等到眞的到了阿惠家，與阿華實際見面時，阿宗仍舊有出乎我意料之外的害羞和緊張。他用心的講著存在主義哲學家的主要人物、幾個大師、思想概述等，幾乎都是由書本中得來的，但也令人不得不佩服其用心良苦。然而，準備了半天的厚厚一本書，却在半小時就講完了。剩下的時間，阿宗不知道該說什麼，便以下結論的態度說：「所以存在主義雖然有作者哲學的不同，但追求生命的意義却一樣的。像我們存在的意義是什麼，如果用存在主義的哲學來看，其實是很荒謬的。像聯考，全部的人死背幾本書，它有什麼人生的意義呢？壓迫我們去應付，以虛偽的態度來面對人生，這難道是人存在的意義嗎？」

兩個女生沈默很久，才說：「你讀過好多書哦！」阿惠崇拜的看著阿宗。阿華雖然沒有說什麼，但她明亮的大眼睛裡，已飄浮著一層感動的霧水。當然，她最感動的恐怕是阿宗所表現的這一切，都是爲了她。「可是，父母希望我們讀書，考上大學，也是爲了我們好。否則，僅僅爲了讀死書，背那些課本，又有什麼意義呢？」阿華像一個很乖的孩子。

「但是，人的生命有自己的存在意義，怎麼可以爲父母而生活呢？」阿宗說。大家都沈思著。

「可是父母養我們也不容易啊！」阿惠細聲但溫柔的說：「如果我們太我行我素，他們會很傷心的。」她用手指撫摺著頭髮，像一個瓊瑤小說中的好女生。我和她從小學就是同班同學，小時候還吵架，簡直是難以想像她也會長大作出嫵媚的模樣，便笑著對她說：「這麼溫順，簡直可以當瓊瑤小說的女主角了。」這種話，對讀過批判瓊瑤的書的我們，可說是一種嘲弄，但她沒有讀過，竟高興起來，說：「我可沒那麼美麗。」我反而不知道怎麼說了。

但阿華似乎聽出弦外之音，像一個基督徒在勸導兩個浪子般，帶著苦口婆心的樣子說：「也許我們該追求自己的理想，但也要完成父母的心願。這樣，應該沒有衝突吧？」她看著阿宗。

阿宗雖然生性倔強，自小在村子的街道上長大，什麼鬼混的本事都有，但最怕遇到這種教徒模樣的關懷，便順從的點頭道：「嗯，應該是這樣。」

離開阿惠家之後，半路上碰到阿文正要來找阿宗，興奮著的阿宗便提議去買酒和小菜來慶祝一下。爲什麼呢？他沒有明說，但很顯然的是他有一種在愛情裡不勝負荷的激動，這種激動需要有一個出口。在他的住處，一瓶雙鹿五加皮倒在三個杯子裡。從未喝酒的自己這時才知道，原來酒是如此辛辣，便小口小口慢慢的喝。但阿宗太興奮了，很快就喝完，又把阿文的酒拿來喝。幾杯下肚之後，他的話也多了起來。

「你看今天這樣行不行？」他有點缺乏自信的問我。

「沒有問題。」我說：「只要看看阿華的眼睛，那種迷濛的樣子，崇拜的樣子，就知道這是愛情的前奏。」由於在學校主持文學社團的成立，又擔任社長，且主導班上的中西文化論戰，他已相當有自信，自我期許也相當高，受到尼采超人哲學的影響，他給自己取了一個筆名，叫「超凡」。不料却在這件事情上如此缺乏自信，這倒是出乎我的意料。

「你一定不知道，她對我是多麼高不可攀。」阿宗在幾分酒意後，突然心中脆弱無比，像一個孩子似的說：「像她今天這樣對我很好，我心裡眞是不敢想像。可是你能想到明天嗎？你能想到明天嗎？」我有些愕然了。

「今天這樣，是一個很大的進展，明天繼續追求下去啊！怕什麼？」我反問。

「不是這樣啊！」阿宗突然用感傷的語調說：「想想她今天講話的樣子，她是一個這麼乖的孩子，如果父母反對，她會跟我在一起嗎？你說呢？」

「不知道。」我誠實的說。

「我也不知道。」阿宗有些醉酒的搖晃著大腦袋，扶了扶深度近視眼鏡的厚厚鏡片，迷濛的看著牆壁上的一幅水彩畫的翻印，上面是印象派畫家的作品。。

「她的父母爲什麼要反對呢？不見得會這樣吧？」我說。

「怎麼不會？」他聲調感傷無比，說：「你想想，我是一個『剃頭翁』的孩子，她的爸爸在我們家理髮，我爸爸媽媽還要幫他洗頭，他的爸爸是一個校長，怎麼會瞧得起我呢？」他說。而後，突然激動起來，語氣激動像大雨傾瀉而下，說：「你知道嗎？我多麼希望自己是出身良好的孩子，像個醫生的孩子那樣，穿著體面的衣服，上課有最好的紙筆。但我們家沒有，甚至，連水果都常常到警察局後面去偷來吃。你知道嗎？我們像小偷一樣的活著。沒有人尊敬，沒有人照顧。但她不一樣啊，她有最好的家庭，有那麼好的身世，那麼乾淨的樣子。你說，我怎麼比得上、配得上呢？」

「不會的，她不會這樣的。」我安慰說，但他根本沒有在聽，只是喃喃自語似的繼續說下去。

「你看我爸爸，他每天像個酒鬼，喝醉了，就坐在門口大街上，靠著電線桿。村子裡的人誰不知道？誰敢把女兒嫁給這樣的家庭呢？不是我自卑，我從小就特別用功讀書，難道不是爲了出人頭地？但是有什麼用？他們還不是一樣，瞧不起我們。是啊，她的爸爸是一個校長，你知道嗎，一個校長啊，在我們這裡是多麼崇高的社會地位，而且他的女兒也會被尊敬。你看她的教養、她的談吐多麼好，像個淑女，但我呢？從小在街上打架，被人看不起，再努力，有什麼用？」

不知怎麼的，阿宗突然哭了，像一個小孩。他拿下眼鏡，用肩膀和手臂去擦拭眼淚，但眼淚還是無可遏止的繼續流下來。拿下深度近視眼鏡後的阿宗，雙眼像魚一般浮凸，流露著迷茫的模樣，模糊的鼻涕淚水，沾滿臉頰，他已不再是平時見到的那樣，有一種議論天下大事的氣勢，有一股自負的氣質，反而像是自卑至極的窮苦人家的孩子，突然遭到欺負一般。從未見過這種場景的自己，也不知所措了。只能一再安慰他，阿華不會這樣的。愛情也不是這樣的。但我又知道什麼是愛情呢？自己都未曾經歷過。

流著眼淚的阿宗，在愛情面前，在心愛的女子的對比下，像一個小孩，在酒醉後，聲音嘶啞，哽咽的反覆述說：「別人都說，我只是剃頭翁的孩子，你知道嗎？這是一個最卑賤的行業，但她却是校長的孩子啊！我們怎麼可能會有結果？」我從未體會到的是，他內心深處，那些遠遠超出我的想像的自卑，爲著自己的出身，和未來的愛情與幸福，必須做這麼多的掙扎。

像一場「成年禮」在自己身上洗禮過，從未喝過酒的自己第一次體會到喝酒的滋味，醉酒的滋味，以及醉酒者可能呈露的內心世界。那世界是平時從來也不會開放的，那可能是幽暗、隱秘、晦澀、連自己都不是很明白的世界，但在酒後，會以心聲的方式來呈現。帶著眼淚，將平日的憂傷、疼痛、扭曲、自卑、自尊等等，一齊袒露在朋友的面前。那不是一種醉酒的最好理由，也不是一種解決，但有時却是一種心理的自我撫慰。壓抑著的生命，有時只有透過這種方式才能釋放出來。而釋放當然不等於治療，但至少有釋放比長期的壓抑更好。

直到成年以後，也曾經談過戀愛了，自己才能體會當時的場景，和眼淚的意義。那是人的內心，用堅硬的外殼保護起來，但憧憬的愛情和心愛的女子眞正來臨時，却反而感到無比的恐懼，那是對這樣的溫暖無法長存的恐懼、這樣的愛情沒有明天的恐懼。而擊垮堅強者的愛情冰層的，可能不是打擊，而是溫暖。

然而眞正的內在，恐怕比這些要複雜很多。愛情只是一面鏡子，在戀慕的對象和自己內心深處的願望之間，存在著遠比僅僅愛慕一個女子更爲複雜的人性眞實。有時我會想，阿宗內在的願望，恐怕正是擺脫自己的出身，那社會上的卑微角色，而成爲一個受到社會所尊敬的某一個階級，某一種人吧。因爲他的出身和成長，使得他在愛情面前有這樣的渴望。但愛情又何嘗不是他這種內在願望的顯現呢？否則，爲什麼他愛上的不是這一個，而是那一個呢？出身、階級、成長、內心的自卑、理想和願望等，交互糾纏，我至今仍難以了解，在我們成長的生命過程中，愛情，和愛情的內在本質是什麼。

諾貝爾文學獎的願望

有時候，我不明白，阿文爲什麼會和我們這些叛逆的、愛搞文學的人在一起。他像一個安靜害羞的孩子，一雙單純無邪的大眼睛，和女生講話時，還會結結巴巴，而他的聲音似乎還沒有發育，有一種童稚的原音。現在回想，如果不是在愛慕女生的青春期我們相遇，而且追求幾個結伴的女生，我會不會和他有密切的往來呢？如果不是這樣，他會不會變成後來這樣的精神失常呢？

當我們回首青春的時代，有時不免覺得，文學像一個欺罔的陷阱，讓人陷入自我構築的幻想和熱情，在愛情和夢境中，非徹底燃燒自身生命，不能停止。終其一生，我們可能都無法自這理想、幻想、熱情的夢境中醒來。甚至深深耽溺其中，至死不悔。如果沒有文學，阿文會是今天這樣嗎？

有一次，我問他數學要怎麼讀，買什麼參考書？他的回答竟然是，不必看什麼參考書，實驗本課本就很清楚。參考書都只是用其中某一個證明題的一部份，去做出公式，來騙人的錢而已。課本最好。在補習班林立、學生補習成風的台中一中，他也從不參加補習。偏偏數學成績老是在前三名。

他讀的書也不太一樣，當大家都在討論中西文化論戰、存在主義時，他還耽溺在少年時代的樂趣，讀那些浪漫風格的《少年維特的煩惱》和赫塞的《徬徨少年時》、《鄉愁》等等。至於存在主義哲學、文化論戰，他似乎也努力去讀，但並沒有什麼興趣。而今回想，難道這是我們正在蛻變為青年，而他卻停留在少年時代的徵兆嗎？

愈是接近聯考，每個人的壓力就愈大，阿宗已在他的書房裡，寫上「百日維新」，用倒數計時等待聯考的到來。甚至為了表示自我激勵，常常以兩天不睡覺，或每天睡幾小時，來表示最後衝刺的決心。在整個校園與社會的壓力下，我們已遺忘什麼是聯考的目的，或質疑聯考的制度，只能用安慰自己的方式，說：「等考過聯考，上了大學，就可以自由了。」

那是一個黃昏，由於和父親的相處已變得相當尖銳，他堅持我應該讀醫科，可我卻要轉考文科，由討論變成爭執、衝突，我們根本無法平靜的交談。成長於日本殖民地教育之下的父親，以日本軍人式的態度，強硬的要我服從。偏偏我正處於叛逆期，怎麼能夠忍受？但更麻煩的是他的好賭，不是在朋友家賭麻將，就是在自己家裡，一賭就是一整天，甚至熬夜不眠，連續兩三天。家中煙霧瀰漫，燈火通明，簡直不知如何讀書。但父親的權威又不准孩子質疑，只能順從，連討論的餘地都沒有。最後我只得逃避到阿宗住處。

阿宗不在，我在附近散步後，才見他帶著幾分酒意回來，原來是在學校和幾個同學下課後去吃小米粥的館子喝酒了。但他還是以一種清楚的話說：「今天下午學校出事了。一個同學要自殺。我後來才知道，趕去勸他。後來雖然好了，但我們也受不了了，大家一齊去喝酒。」

「爲什麼要自殺？」我問。

「他說，爲了人生根本沒有意義。」阿宗喝茶以後清醒了一些，但兩個眼睛依舊有酒後的紅色血絲。「因為人生的目的難道只是聯考？但所有的人都將聯考視為唯一的路。這是為什麼？」

「人活著為了什麼？只是父母、聯考、前途、賺錢、」他吶喊著說。

「他是誰？」我問。因為他們班上的朋友，我大都認得，怕是自己認識的人。「是張文文，他天生有一點缺陷，小兒痲痹。本來他的功課就是全班最好的，一直名列前矛，但最近開始考模擬考試，他本來也不是不會，但就是鬧脾氣，討厭考試，不要考。明天就要考了，他突然說要休學，後來又說，不想活了。就跑回家了。我們請假去找他，說了好久，才稍微好一點，他媽媽都緊張了。」阿宗說完，自己突然沈默下來，久久才說：「其實我自己也有一樣的感覺。只是我不會說出來。」

「算了，讀書吧。明天不是要模擬考試嗎？」我說。

他把教科書和參考書成堆的搬出來，放在桌上，然後說：「今天不睡了，讀書到天亮吧！」但又帶著幾分酒氣的走來走去。最後，他起身，用力拍打桌子，拍打書本，一下又一下，愈來愈用力，恨恨的說：「等到有一天，我們考完試，放一把火把這些書都燒了。

我要在火光中，看著它毀滅，看著它化爲灰燼，這些害人的東西！」他愈說愈興奮。我拿出香煙，請他抽。這是在來之前去買的，因爲在家裡無法抽煙（父母還不允許呢！在當時名爲沒有「煙牌」，也就是沒有抽煙的執照），只能放在這裡。不料，香煙還沒抽完，他起身道：「走吧，我們去找阿華。」

「書不唸了嗎？」我有些多餘的說。「不管了。人生難道只是爲了聯考活著？」他未說完，身體已上了腳踏車。

阿華未見過阿宗喝過酒的樣子，但見到他兩眼通紅的模樣，和身上的酒氣，也已料到幾分，竟關切有如小婦人，連連說：「你怎麼啦？怎麼會這樣？」阿宗未料到有這麼溫暖的對待，口中雖然不說，但內心已非常感動了，聲音突然有些哽咽的說：「下午我們一個同學，因爲心情不好，要自殺，我們趕去安慰他。」

「有沒有怎麼樣？」阿華柔聲問。

「還好，沒事了。」他的聲音漸漸恢復了正常，目光注視著阿華的眼睛，述說了前面的事。但最後，他激動的說：「如果不是聯考，我的同學也不會這樣，這是聯考封建制度殺人。」大家都沈默著，確實被他說服了。但他又說：「等到考完聯考，我一定要舉行一個儀式，放一把火，把所有的教科書通通燒掉，永遠也不再碰到它。」阿華也感動的紅著眼睛。

還穿著高中制服的阿華，用溫柔的口吻說：「其實也不一定要這樣。只要考過，把它丟掉就好了。」但阿宗却執著起來說：「要，不這樣就沒有辦法和它告別。這是一個夢魘，我要用火光和它告別。」

「其實聯考只是一個過程。我可不可以問你，如果你考上大學以後，要做什麼？」阿華似乎想轉移太激烈的話題。

「要當一個文學家。」阿宗毫不猶豫的說。「我要寫出最動人的作品，像日本的川端康成那樣，當中國人第一個得到諾貝爾文學獎的人，然後，等到自己年老了，再自殺。我不要現在就自殺，我要有一番作爲之後再自殺。讓全世界都轟動。」阿宗激動的說。但這些話，却像石破天驚一般，連阿宗自己都感到震撼了。他重覆的說：「日本人有川端康成，爲什麼中國人沒有呢？爲什麼中國人得不到諾貝爾文學獎？我一定要成爲首先得到諾貝爾文學獎的中國人，然後再自殺！」

阿華的明亮的大眼睛閃動著光澤，像在教堂虔誠禱告時，仰望著耶穌綁在十字架上的瘦弱身軀那樣，帶著悲劇的淚水，凝望著，久久的凝望著阿宗。

同樣的眼神也出現在阿文的臉上。他在聽到阿宗的「得到諾貝爾文學獎之後自殺」的說法時，起先是沈默著，張大了他孩子氣的眼睛，看著阿宗，而後像內心有一股力量使他無法遏止那樣，突然急促的說：「人就是應該這樣活著，活著就是應該這樣！這才是狂飆的時代！狂飆的時代！」

我至今不明白，到底阿宗是怎麼想到這樣的「理想」，是爲了給自己現在的卑渺以一種活下去的理由，或是給難以忍受的現在生命以夢想的未來呢？一種生命絕對的追求，讓靑春可以在遙遠的夢想中，爲了光榮而悲壯的未來，忍受現在的諸種痛苦、壓力，聯考的壓力。一旦聯考只是成爲生命的過程，正如我們知道光榮和死亡在未來等待，則眼前的痛苦便變得微不足道了。少年時代的理想難道只是眼前苦難的一種慰安，正如來生一般？

流浪的月台

「什麼是青春？狂熱的烈火。什麼是少女？冰雪與沙漠。」

這是電影《羅密歐與茱麗葉》的主題歌。現在回想，我們就像被捲進烈火的孩子，似乎還未準備好自己的生命力量，就被「狂飆的時代」吸入。那種狂熱的烈火，在青春的生命中燃燒，燃燒到少年似乎只能用自己的毀滅，來印證青春的眞實。至於目的在那裡，已經不重要了。重要的是燃燒的、烈火的感覺。

阿文的愛情沒有帶來嚴重的後果。他每天下課後，騎著腳踏車在街道閒逛，爲了看看他所喜歡的女子，那被我們命名爲「SENTIMENTAL」的女子。她的名稱是我們的朋友阿明所命名，原因是她有一雙多愁善感的眼睛。「即使是身材修長而高佻，但仍無法掩蓋她的多愁善感」，這個說法讓阿文非常歡喜，常常掛在嘴上。阿文暗暗燃燒的愛情無法掩蓋，我們都知道，但他却以不在乎的口吻，說：「世間女子很多，我只取一瓢飲。」姿勢是非常驕傲的。

我們在街道上逛，累了就去吃一碗冰，買上幾根香菸，到火車站的月台上去躲著抽，「作出成人的風景」。

建立於日本時代的小火車站，只有一個售票口，兩個進出的剪票口，但根本沒有什麼嚴格的檢查，火車站月台還可以由後面進入，因此鄉人常常進入月台等候朋友。沒有人會管。我們便是由後面進入月台。月台很短，前後兩端細長細長，夾在火車軌道中間。因此，月台有一種小小孤島的感覺，你像漂浮在流動的軌道與急速行進的列車之間，那樣孤獨、無助，只是暫時佇立的過客。

急速行駛的過站列車有狂暴的聲音和速度。當你站在月台上，首先聽見遙遠的聲音自鐵軌傳來，「噠噠噠噠」，火車敲擊著鐵軌，不遠處的平交道便開始響起「噹噹噹噹」的聲音。伸向黑夜的鐵軌像延伸的一條線，帶來巨大而綿長的火車，這時軌道撞擊聲愈來愈大，你會感到火車如巨獸，如長龍，如呼嘯的龍捲風，以奇快的速度，向你的身上襲擊而來，帶動起呼嘯的風，巨風撞在身上，有刺痛的感覺，身體也會微微的搖晃，聲音強烈的撞在耳膜上，帶來狂暴無比的刺激聲響，像狂潮淹沒你。月台終究只是一個孤島，你是孤島中的孤兒，在這個流動的人世上。

黑夜中，唯一能看見的是火車上的窗口，窗口裡閃動的人影。那是浮動的生命的幻覺，你會看見人的活動，在火車車廂裡，他們生活著，坐著，走動，或站在火車的出口處，他們也在觀望外面的世界。但那樣的浮動人影，因爲不著地，因爲太迅速的閃動，反而更像是浮動在時間、空間之外的影子而已，他們已不再有人的氣味和節奏。影子般的生命在時空列車中，向著茫茫暗夜行去，有如向這無邊的世界告別的影子。站在月台上的自己，有時會感覺，人生只是列車上的過客，生命的消逝、死亡，是不是也是這樣的味道呢？

然而對青春的生命而言，消逝、死亡、浮動的影子，都比停滯在小村子裡，寂寂無聞的被日子所磨蝕，來得更眞實。寧可燃燒的、暴烈的死亡，也不要暗暗的、無聲的在小村裡埋沒。「去流浪吧！」我們站在月台上，抽著自以為是「成人的風景」的香菸，暗中這樣說著。

而後，阿宗高興起來，在下一列火車來到之前，我們站在月台前端，也就是火車鐵軌要接攏的地方，等到火車到來，那狂暴、洪水般的聲音淹沒我們時，像要和列車的聲音對抗似的，阿宗仰首，對夜行列車，列車上的浮動人影，突然高聲喊道：「去吧！去吧！去遠方流浪啊！」

「流浪啊！流浪啊！」我們高喊著。向列車，也彷彿向這個小村，更像是向內心的苦悶。

然而我們的聲音都淹沒在列車的巨浪般的聲音裡了。

雖然喊出流浪像發洩，我們的喉嚨也有些疼痛，但心中的壓抑卻減輕很多。「我們的生活一定不要像父母那樣，在這個小村子裡，一輩子這樣消逝啊！一定要到遠方去流浪，即使死在外地都甘願！」阿宗說。列車通過後的黑夜，有一股沈寂的安靜，無邊的黑夜，無邊的大地，竟然還有夜蟲的鳴叫，「寂寂寂寂」的聲音。我們在孤島上，我可以感覺，這是向家鄉告別的宣言，於是我們唱起了一首傳統無比的閩南歌：「男兒立志出鄉關，事若不成誓不還。」

偉人崇拜和他的屍體

清明節的前一天半夜開始，下了一場雷電暴雨。在暴雨雷電中，我自阿宗的家裡回家，陪母親準備次日清明的祭品。母親還在擔心次日不知如何去郊外的墳地掃墓，不料次日竟一片晴朗。空氣中新鮮無比，除了墳地的黃土路很難走之外，這是難得的好天氣。

是日黃昏，阿宗來找我了。他用悲哀而嚴肅的眼神，把我叫到門外，說：「你知道嗎？蔣總統去世了。」我驚訝起來，原來電視已開始播報這個消息。而阿宗以凝重的神情說：「我現在去台中訂黑紗，晚上在我那裡聚會。你去聯絡其它人。」

傍晚，臨出門前，父親問：「出門幹什麼？」我說明去阿宗家，參加蔣總統去世的告別儀式。「什麼告別儀式？」他問。我說是阿宗在家裡舉辦的。父親卻笑起來：「這個跟你有什麼關係？他們蔣家死人，你傷心什麼？小孩子，不要亂來！」我突然憤怒起來，說：「你懂不懂愛國？」「嘿嘿，他們蔣家爲什麼不愛我？」父親說，口氣裡充滿嘲諷。但我還是去參加了。

夜晚，阿宗家，原本是停放腳踏車的地方，都清出來，中間放著一張桌子。阿宗不知從什麼地方弄來的蔣總統的照片，擺在桌子前方，上面還有兩條黑布垂下來。沒有台灣傳統的香爐，但阿宗把黑紗發給每個朋友後，原本沈默的氣氛就變得嚴肅了。儀式開始由阿華的姊姊（她已就讀大學二年級）帶領禱告。她的聲音哀傷，但因爲女性的溫婉，而有一種安定感覺。在教會中認得的青年團契的朋友，個個都來了。大家神情肅穆，阿宗則以感性的口吻訴說著蔣總統的歷史、他在近代史的偉大之處，年輕人的無助、尋找指引、等待指引、請求上帝指引中華民國的未來……。

在我們心目中，「一代偉人」、「國家民族救星」去世了，這個國家會不會崩潰呢？徬徨的心和徬徨少年的期望，共同結合在一個被樹立的偉人的形象上。這時，原本中西文化論戰中，堅定持西化論者的阿宗，已不再是叛逆少年，不再是那雄辯的口吻，而是一個眞正無助的心了。狂熱的愛國主義取代了論戰的爭端。了解蔣總統的歷史也不再是重要的事，而是一種愛國的狂熱。所有的報紙、電視、電台，無時無刻都在播放紀念「蔣公」的歌曲。看電視習慣的老一輩鄉人，很不耐煩的說：「這個臭頭仔死了就算了，還要每天這樣弄，電視變黑白的，連續劇都不能看，什麼時候才結束呀？」但大多是在家裡發發牢騷而已，等到在街上，還是不會有人直接去批評議論。因爲所有電視都已變成黑白的哀樂，以示哀悼，氣氛如何不凝重呢？

台中一中的青年也改變了一貫的樣子，都突然嚴肅起來。向來，每日早晨升旗，校長、訓導長訓話時，總是會有學生在台下噓聲四起。這已是台中一中對囉嗦訓話表示不滿的傳統方法，校方也很習慣了。但四月六日的早晨，大家都安靜無比，竟沒有噓聲，恐怕學校都嚇一跳吧。校長在訓話中表示，大家要安靜等待政府的決定，支持政府，共同渡過哀傷的時刻，共同渡過難關。

台中一中有一個叛逆傳統，那是不知從何時開始的：學生以不守學校的規定，不聽校長教官的訓話爲判斷英雄的標準，愈是叛逆者愈是英雄。阿宗班上在愛國主義熱潮下，竟在班會中決定，全班突破學校的規定，單獨要北上到國父紀念館，去向蔣總統的遺體告別。這下學校慌了，因爲如果全校學生都要北上，如果全國各地學生都效法，那台北不是天下大亂了。而如果台中一中學生全部決定這麼做，那學校就得停課了。校方非常緊張，連續派出訓導長、教務長、教官等施加壓力，去說服阿宗班上的同學。但沒有一個被說服。他們還向校方說：「愛國有錯嗎？你們到底愛不愛國？」最後，學校不敢阻止，只得讓他們去，但要求：派一個老師同行，學生不可以單獨行動，要維護校譽等等。

因爲學校的阻止，這一次的行動更具有崇高的、神聖的意義。阿宗是背後鼓動的眞正靈魂。但也只是他們班上，高三三班，其它班級的學生沒有這麼勇敢，學校一阻止，就打退堂鼓了。

出發是在一個星期六的半夜，以免必須過夜，增加負擔。因爲有兩個空位，我和阿文都參加了。半夜十一時在校門口集合後，大家開始高唱愛國歌曲，出發。但由於太亢奮了，心中充滿偉大的情緒，根本無法中止，一路唱了兩個多鐘頭。

到台北國父紀念館時，已是早晨四時半，春天的曙光尚未來臨，但國父紀念館周圍依舊排滿人潮，他們是徹夜在這裡等待的，而國父紀念館的「遺體瞻仰」也二十四小時展開。為了維護秩序，四周有無數憲兵，排隊的地方用一條繩子將擁擠的人潮規範住，但還是因為爭先恐後，而有互相推擠的現象。

隊伍已綿延數公里，人們在黎明前的昏暗中，互相觀望，只見一個個憔悴的面容，因熬夜而半睜的眼睛，以及缺乏精神而萎頓的身體。我們已忘了饑餓。人群中沒有人大聲喧譁，都是悄悄講話，只有一個不知從什麼地方來的退伍老兵模樣的人，他穿著黑色的軍用布鞋，身上只有單薄的白襯衫，突然在隊伍後方，大聲哭泣起來：「啊啊，你不是說要帶我們回大陸去嗎？為什麼？為什麼你先走了？嗚嗚，啊啊，你在騙我們嗎？你為什麼不帶我們回去了？誰要帶我們回去啊！……」

哭聲驚動了憲兵，他們上來勸說，想將他帶到一邊去。但這個老兵模樣的人，卻不知為什麼，更加傷心的坐在地上，連話都不說了，只是一逕嚎啕大哭。

許久，隊伍向前推進，這個老兵還坐在地上。我老遠看去，只見他安靜下來，像失魂一樣的發呆。又過了一陣子，我們的隊伍已在國父紀念館周圍轉了一圈，回到原來的地方，那老兵還在那裡。但這個老兵却由身上的深綠色包包裡，拿出饅頭，又拿出一罐豆腐乳，將豆腐乳夾在饅頭裡，兀自啃了起來。他的眼神呆滯，彷彿周遭沒有任何東西存在一樣，而那機械般的張大嘴巴啃食的面容，更像是動物一般，或更像是沒有靈魂的生物，在做著沒有意義的咀嚼動作。我忽然明白起來，覺得這個人不是來「瞻仰遺容」的，因爲他根本不排隊，他是來這兒，尋找希望破滅後的出口，因爲，蔣總統死了，他們的希望也死了，他們再也回不去家鄉了。他只是要來這裡問問蔣總統，他的希望爲什麼破滅了？他的希望在那裡呢？

但我突然感到嫌惡起來，在一個神聖的、崇高的地方，在哀悼的喪禮上，這樣動物般的吃食，這樣猥瑣的樣子，令人感到極端的不協調。生命怎麼可以這樣呢？

排隊排了幾個小時之後，我們終於進入國父紀念館，到了「瞻仰遺容」的現場。那是一個充滿哀樂的大禮堂，在二樓的看台往下看去，「蔣公」身穿黑色長袍，躺在一個黑色巨大棺木裡，身體看起來比照片上肥大。遺體周圍有無數黃色鮮花，反而給這個肅穆的禮堂，帶來一種明亮的感覺，却讓那躺在棺木裡的黑色長袍軀體，顯得更加晦暗。他的遺體，不知是不是死亡的關係，或衣服太寬大，面容顯然有肥腫的跡象。想到平日照片上那有如希特勒的著軍服、佩長指揮刀的照片，此刻的遺體竟灰敗得如此不堪。「民族的救星」原來是這樣，只是一個棺木中的軀體而已。

原本以爲忍受半夜行車、數小時排隊、肅穆瞻仰的過程會帶給自己另一種感受，但在排隊現場的混亂和遺體上，却不再看見什麼崇高偉人的形象，而只是一個死亡的軀體。

對充滿期待感的少年而言，那是難以言說的失望、悲哀、死亡、幻滅所交雜起來的感受。但在當時氣氛下，沒有人敢說出來，以至於離開國父紀念館後，大家只是沈默著。坐上遊覽車以後，司機問道：「現在要去那裡？」大家都愣住了，還未從失望的茫然回過神來，瞻仰遺容後要去那裡根本就不曾想過，大家面面相覷。許久，阿宗班上的班長才說：「去台大吧！」然後，這個大個子、絡腮鬍子、身上長滿毛髮的班長，突然快樂起來，說道：「以後大家都要去那裡讀書，現在先去觀察地形。」於是大家都笑了。回復了孩子氣的笑聲。

這時有人想起來一件重要的事。他說：「整個晚上到現在，都沒有上廁所。趕快到台大上廁所吧！」於是所有人都想起這個每天早晨的生活習慣來。因爲整夜奔波，排隊，大家根本沒有人敢於提出要上廁所。此時最大的願望是上廁所。車子開入台大校園，就在台大「到此一遊」後，便去吃午飯，而後，大家睡得了無聲息，原路開回台中，像熱情的烈火燒盡之後，只剩下灰燼一般。

「什麼是青春？狂熱的烈火。」什麼是烈火呢？十幾年以後，我才明白，烈火般燃燒的青春生命多麼想要用一股力量將自己和世界一同燃燒，一同毀滅。烈火，或許就是絕對，絕對精神的追求。在愛情中，追尋絕對的擁有，絕對的純粹，絕對的付出。

在世界觀裡，追尋絕對的英雄與英雄崇拜、絕對且不容置疑的眞理、沒有雜質的精神世界……。但這個世界，並非如此。英雄最後只是一個軀體，一個死去的肉身，一個浮腫在棺木裡的沒有生命的「物」。烈火要爲之燃燒的，一定不是這些，而是有生命、有鮮活力量的什麼。但烈火還在，青春就是烈火，絕對的光明與黑暗，絕對的擁有或者毀滅，絕對的是非與黑白，絕對的生或者死，沒有中間地帶，沒有雜質的愛。

即使是政治的觀點，也是極右或者極左，沒有中間地帶。我們即使在學校已是夠叛逆的孩子了，但還是沒有擺脫這樣的模式。因爲強烈的青春，而成爲極右英雄的崇拜者。

十幾年以後，自己在大陸看到各種文革的資料，那少年紅衛兵鮮紅的面容，眼裡閃動的絕對、純粹、燃燒的光芒，就會想起那時自己的同學。少年似乎有一樣的眼神，無論在左邊或者右邊，此岸或者彼岸。文革，紅衛兵，領袖崇拜，毛主席語錄，像章等等，難道不也是青春的絕對精神的結果嗎？青春的極右或極左，原來不是取決於他的生命，而是其時代和環境。問題只是時代提供他什麼樣的燃燒而已。

寫作的現在，我仍然不明白自己爲什麼會想起這一段爲蔣介石而北上的往事。自從大學時代讀了更多書以後，台中一中的朋友大多不再是當時「愛國家愛領袖」的青年，反而因爲讀書尋求答案，大家漸漸看見偉大領袖的黑暗面，他的暗殺、權力鬥爭、國共內戰、二二八事件等等。他的光環消失在真實的面前。我們之中的絕大多數，都走入反國民黨的陣營裡，甚至參與了實際的政治活動，如黨外運動、社會運動。

大家都羞於提起這一段爲蔣介石而崇拜的日子。即使有人提起，也趕緊岔開話題，有如看見孩提時代穿開襠褲照片一般，感到非常丟臉。但有時我在想，這個「民族的救星」、「中國的偉人」，其實是在那天早晨，當我們看見他臃腫的遺體時，就已失去其偉大的光環了。尤其是原本心中充滿英雄崇拜的少年，看見偉人帶過的老兵竟在現場那樣哭泣、那樣吃著饅頭，像動物一樣，原本的崇高都已被生物的卑微感覺取代了。

要直到十多年以後，我才眞正明白了崇高與卑微的對比，原不在外在表象，而是生存的力量自身。那已是一九八八年，我在報社擔任採訪工作以後了。那時，因爲大陸還未開放探親，許多老兵想家想得無法遏止，而生命已近老年，反攻大陸已經無望，回家只有開放探親一途，他們走上街頭展開抗議。由立法院到行政院，最後到達國民黨中央黨部。

那些歷經戰爭洗禮，容顏失去色澤，却有一股不屈不撓的毅力的人們，帶著中國各地的口音，舉著「回家」、「想家」的大白布條，把中央黨部前的道路都佔據了。我帶著照相機，由鏡頭裡看去，只見那時已是黃昏，夕陽自前面的總統府方向下沉，照得老兵們黝黑的臉上有一種金紅色的光澤。他們的語言南腔北調，各具特色，却互相照料著、扶持著。

幾輛小貨車開過來了，這時一個四川口音的人用麥克風說道：「大家不要走。今天，我們決定住在這裡了。大家不要走！」然後，他用軍隊的口音，大聲喊道：「現在，我們已經把饅頭做好了，車子也運來了。大家請到車子前面領饅頭吃。不要怕，還有人繼續在做，放心吃！」老兵們都笑了。他們領取饅頭之外，還附帶著一罐豆腐乳。只見他們把饅頭剝開，豆腐乳夾進去，就像我高中時代在國父紀念館看見的那樣，他們張大嘴巴啃嚼起來。空氣中飄出一陣豆腐乳的香油氣味。經過戰爭貧困、生死掙扎的他們，如何生存下來的秘密，原來是這樣。

在那夕陽下，我突然眼中一片明亮，「啊，生命！」

高中時，我從未明白，爲什麼那老兵在喪禮現場的動作令我感到無比突兀、矛盾和難以理解。那感覺，現在我才明白，那是一種最原始的生命力，一種近乎動物的生存本能。使他們歷經百劫都無法消滅的，就是這樣一種精神。這本能支持著他們活下去，直到現在。即使戰亂、哭泣、喪禮、死亡、殘酷的殺伐、親人的隔離，都無法阻止他們用這本能，生存下去。爲這本能，中國人在近代歷史中能生存下來的這本能，我全身一陣冰涼。如被大雨淋透般的明白。以前以爲崇高的偉人，其實是一團死亡的肉球。那黃色菊花所佈置的靈堂，也是一個繁華的表相。眞正的崇高，是這樣一種無法打倒的生命力，那以極度卑微的姿態生存下來的生命。卑微的背後，才是眞正的莊嚴。

「想家」的布條在風中飄蕩，而老兵的面容却因夕陽的餘光，而有一種金紅色的光澤。

死亡與革命之夢

我和同學一齊去爬山。

原本盡是平緩上升的山坡，不知爲什麼陡地升高，一面斷壁般的山壁橫亙在眼前。黃昏已經來臨，陽光漸漸變冷，大家都累了，但除非翻過這座山，否則今夜我們只能在這半山上過夜。最後，領隊拿出一條登山索，向上拋去，掛在懸崖的上面，拉緊繩索後，自己開始爬上去。但我剛剛生過一場大病，身體虛弱，先在下面休息。直到大家都爬上去以後，才輪到我。這時我的手腳還算靈便，然而，爬到一半時，身體的力氣慢慢消失了。我知道，這時的力氣如果不能支撐我向上爬，要下去也不可能了。我只能拼著全身力量，左一手右一腳的向上移動。但是到了最後，接近懸崖邊緣，我的右手已攀上斷壁的岩塊時，却全身力氣消失了。我聽到自己一聲驚叫，身體便向下墜落。在落到懸崖一半時，整個人便失去知覺了。

我在一條黑暗的長廊行走。

長廊是這樣黑暗，這樣長，我只能向著長廊盡頭的那一點出口的光線行走。盡頭竟是一個像我的三合院老家的曬穀場，廣場上圍著大約三、四十人，他們似乎在聽什麼人演講，專注而集中。我走過去，向中心靠攏，穿過人群的隙縫，我看見國父——孫中山，正在演講，講題像電視紀錄片播放時一樣，是中國的革命。中國一定要再一次革命，革命尚未成功，尚未成功。他說。

我不知自己爲什麼會到這裡來，便想應該回家了吧！於是又回到長廊，走過黑暗的長廊，回到自己老家的三合院裡。我們這一房住的是後龍。我走過龍眼樹下，看到龍眼還沒有結果，樹上飄著小白花，而後走進屋子裡。然而，竟然在家裡桌子上看到自己的照片了。照片上方竟然還繫有兩條黑色緞帶，像是一個死者的遺照。

我自己感到奇怪，正想走到後面去問媽媽，却見到祖母和大姑姑走進來。她們哭紅了的眼睛，並沒有注意到我的存在。只是自顧自的，在我的照片前，擺上水果和花。香爐也從旁邊拿來了。我坐在房間裡，從小自己和祖母睡覺的大通鋪床沿上，看著他們拜拜，燒香，又哭起來。我才想到，她們的哭泣原來是因爲我已死了。啊，她們是爲我哭泣。這時，自己仍然想用什麼辦法去安慰她們，她們平時是那麼疼我。但我一再出聲，向祖母說：「阿嬤，阿嬤！」她却聽不見，只是自己在流著淚。大姑姑也一樣。媽媽走進來了，她在拜拜的時候，大姑姑走到我坐著的床沿上，竟然沒有看到我的存在，往我身上坐下去。然而奇怪的是，她也沒有坐到什麼的感覺，只是那樣坐著。這時我才發現，自己已經是不存在的「人」了，自己可能只是一個「鬼」，屬於另一個世界了。

　　我看著祖母、媽媽、大姑姑良久，心中實在不忍心離去，但我又想不出自己留在這裡做什麼，已經什麼都不是了，連家人也看不到自己了。時間一點一滴過去，漫長而又悠遠，黃昏快要來臨了。

　　我看見大姑姑坐在自己靈魂的大腿上，她竟一無知覺。我終於明白，如果自己繼續留下去，只會更傷心，倒不如認命一些，走回長廊，走到那個廣場，去聽孫中山演講吧；如果可以，不如去參加他的革命，總比現在這樣什麼都不是，只是一個飄蕩的靈魂好一些吧！走吧！我對自己說。然後，慢慢走向那黑暗的長廊，長廊裡只有出口的一點點微光，我必須慢慢的走……。

我自夢中醒來，看見自己睡在床上，並未死去。但沒有自信，又去捏一捏身旁的弟弟的手臂，也摸一摸自己的胸口，還有溫度，幸好，沒有死去。我從此無法入眠，直到天亮。

起初是一種恐懼。心想，也許下一刻就會死去了，如果自己身體有狀況。但隨後，反而不再害怕了，我在心中向沈睡的祖母和弟弟、妹妹告別，而後說：「如果眞的死了，我希望能夠和孫中山去革命。這個時代需要革命。」但隨後又想，難道孫中山在靈魂的世界還要革命嗎？爲什麼是這樣呢？

天亮以後，我一直不敢向父母或家人提起，因我才生完一場大病，如果這麼一說，他們不嚇壞了才怪。但當我向佛洛伊德的書本《夢的解析》找答案時，却怎麼也無法找到解釋。後來我向阿宗、阿文提起時，他們反而笑說：「哈哈，怕什麼，原來死去可以參加革命，那倒不怕死了。」「這是革命狂熱的反應。」阿宗作出夢的解析者、心理學大師狀說。而另一個朋友則學著孫中山在電視紀錄片的超快速動作，用滑稽如卓別林的方式，以廣東腔的國語，說：「革命尚未成功……。」大家都笑倒了。

但這個夢，卻使我成爲靈魂的有靈論者。那死後的場景，彷彿就是自己對死亡和去處的認知。但更有趣的是死後的「革命」竟是那樣的結局。而今回想，對青少年而言，革命與青春，彷彿就是孿生的兄弟。革命，是純粹的精神的追求、一個絕對的擁抱，以自己的死亡去換取眞理的過程。那和爲了愛情死亡的羅密歐與茱麗葉，其實是同一的本質。追尋純粹、絕對、至美、至眞，寧可毀滅一切重來，也不願苟且。這便是革命要的「全新的世界」，「眞正的人的生活」。

烈火，青春，革命。當你看到這三個字眼，你有什麼感覺呢？它們像不像一組色澤鮮紅、狂熱燃燒、質地純粹、精神強烈的人的感覺？那在死亡面前都無所懼的勇氣和發光的感覺？

然而，我的青春烈火一定把她給嚇壞了。我以熱情的字眼，全部能夠想像的詩人的語言，寫在信上，給那個女孩。我託阿惠轉信，她也轉了，但沒有回音。青春的烈火，使自己都害怕起來！她是沒有融化的冰，不會爲我溫潤的沙漠。我每天早上起床的第一件事是：祈禱今天可以在乘公共汽車時，遇見她，我們可以乘同一公車，那樣我就可以看看她了。

這時她已就讀一所護專，乾淨的白色上衣，在等候公車的站牌旁邊，在秋天有風的早晨，有一種純潔得近於透明的感覺。我每每在站牌邊看著她，世界變得異常單純、明亮、乾淨。彷彿聯考、存在主義、中西文化論戰都不再重要，只有她才是眞實的、美好的。可是她一直避著我，連在教會都不願和我多交談。我繼續單戀。但已沒有什麼痛苦、心酸、失落的感覺，那已是一種習慣了。而辛酸也像是給自己的一種生的滋味。

當時的自己不知道，其實青春的烈火，已經使她都害怕了。那種付出一切、擁有一切、絕對而專一的心情，即使是自己面對一個這樣愛戀自己的人，恐怕都會害怕吧！而況是那樣年紀的少年。但一切只是青春，烈火，愛。

阿文的生活反而安定下來。他眞正的失落已不是愛情，因爲他像個孩子般，堅定認爲只要聯考考好了，愛情就會來臨。他唯一的失落，來自常常無法進入朋友談話的中心。

孤獨的睡蓮

青春是殘酷的，正如成長的植物，正在伸長自己的花蕊，長出新生的葉片，尋找自己的根源，而後希望生命的成長，茁壯爲有希望的「人」。我不明白，這「人」的定義是不是生物性的，但植物的成長有一種可怕的生命力：在卑微中，它們學習沉默；在黑暗中，它們學習生根；在沼澤中，它們用看不見的根鬚，向下伸展；在別人看不見的地方，在黑暗的地底，在殺伐不斷的角落，它們用一隻手，向土地，向生長，向生命的本能，也向著最明亮的陽光，求取一個生存的機會。

青春，便是這樣。那是生的戰鬥，或死的掙扎。沒有投機，只有眞正的力量的拚搏。那是生存的原始本能，也是無形的殺伐。

殘酷的殺伐會在無形中滋長起來，爲了生存，也爲了成長，但更多是爲了生命的向著陽光的自尊。青春的生命將在同輩的友朋中，尋找認同，正如同一種植物的生命本能，向陽的，會與向陽的植物共同爭取生存的空間，而不同的生物，卻難以在生命的奮鬥過程中，變成認同的角色一樣。

我們在尋求認同，但也會尋求超越，變成最高或最有用的植物。但青春的生命不一定有方向，只是一種朦朧的希望，不明確的人生價值認知。當你認同了某一種價值，或如果你不認同某一種價值，但同輩中大部份的人都肯定了某一種價值，這時，你的叛逆就只有求取相同質地者的認同，而不一定是同輩的所有人。

這便是青春。我們在選擇，選擇自己的位置，選擇自己的方向，選擇自己的陽光。

然而，當自己選擇的方向或自己的能力，與最要好的朋友不同時，要怎麼辨呢？價值是相同的認定，但自己的能力卻不一樣，這時生命的選擇是什麼？喜歡或不喜歡數理，對ORPHAN來說，已不是最重要的問題。重要的是他的能力可能在什麼地方，他自己卻無法認同；甚至因爲朋友的價值觀，他自己都否定這樣的生命能力。

阿文的悲傷，來自那青春少年的殘酷，他們開始覺得他的沉默是一種沒有才華的表現，而相對忽視了他。

那是一個南台灣來的同學，在一次和中興大學文學社團的座談會後，突然對阿文說：「你是一個文藝愛好者而已，你不必像我們這樣苦惱，你應該向數學理化發展。因爲你有這個才華。」

阿文爲此非常傷心，他像個孩子一樣，不是一個可以作出憂傷樣子的人，也就沒有少年強說愁的調調。這樣也有一種自卑。太快樂彷彿就缺少深沈，也就變成所謂「沒有才華」。他問我：「怎麼樣才會有文學的才華？」

我也答不出來。因我都不認爲自己有才華。我只是像個學弟一樣，跟隨在阿宗後面，尋找問題的答案而已。一些朋友更沒有照顧到他的情緒，只是認爲他老是沒有抓住重點，無法提出問題或回答重要的關鍵，只是一個純粹的文藝愛好者，講著浪漫的理想，有憧憬的希望，卻沒有叛逆的勇氣（那是多麼重要的價值觀），也沒有那個才華去從事文藝創作，何必因此苦惱。但他却反而因此苦惱不已。

什麼是「才華」?我們也不懂。

只知道那是一種與別人說不一樣話，談一些自己似懂非懂的觀念，有一些不一樣的觀點，想要變成「自己」，即使再奇怪都沒有關係。

阿宗開始和幾個朋友比賽看書，他們在台中省立圖書館借閱各種書，一天看三本，從早上到下午，號稱讀畢三本後，功力大增。從《胡適文存》，到《現代文學》，不管它是圖書館的書，都畫滿重點記號，表示看過了。我不是有理論訓練的人，讀著《胡適文存》常常令我昏昏欲睡，反而是文學作品，尤其是小說，還會有興趣。但既然大家都在讀，自己也只能嘗試去了解了，否則便會被排除在同輩的價值之外。無論如何，這是我無法忍受的寂寞。我已明白，自己不是有「才華」的人，但我不是爲了「才華」才這樣讀書，而是爲了恐懼，恐懼寂寞，恐懼自己不知該歸屬在什麼地方，恐懼自己什麼都不是。無所歸依的植物是一種新的物種，但人呢?有無所歸依的「人」嗎?

阿文的苦惱正日益加深。

我們在圖書館旁邊的公園裡划船。這個日本時代即建立的公園有相當好的規劃，老樹和水池，散步的林蔭，和水池中早晨開放、下午即闔上花瓣沈睡的睡蓮，在春夏之間，呈現純白、粉紅、淡紫、天藍等顏色。那種美好的顏色，搖曳在天光雲影中，倒映在浮動的水波裡，那種令人心碎的美麗，更加使人想找個女生談戀愛。阿文和我，用獵人的目光在公園裡觀看，覺得即使有美麗的女生可以看看，也很滿足了。

那是一個週末的下午，我把船划向睡蓮的地方，尋找林蔭樹下可以睡覺的地方。但阿文像一個不安的靈魂，突然說：「如果人的死亡是消失，像存在主義說的那樣，那我們會去那裡？」我感到麻煩起來，覺得這個人簡直不了解什麼是氣氛，便不理他。但他非常堅持，用堅定的口吻說：「愛情其實只是狂飆，對不對？」他有些得意了，覺得像是有意義的發言，便繼續說：「我們要浪漫到底，對不對？」

我變得不耐煩起來，用斷然的口氣說：「沒有，時間會殺掉這一切，我們只是世界的塵土，一切都沒有用。我們會死掉，然後，時間淹沒一切。文學和希望一樣，都是虛無。」

不知道爲什麼，當時的自己會被朋友視爲「虛無主義者」，但這種說法是一個主要的原因。然而自己又能說什麼呢？一個聯考下的孩子，一個朋友中無法獲得「才華」肯定的少年，我有什麼去肯定自己？最後，只能以一切的否定，來證明一切的虛無了。

然而，阿文却在「虛無」的論調中沉默了。我感到愧疚起來，便說道：「其實，人不一定要在文學中尋找生命的意義。科學、數學、理化，都有它的意義。想想看，多少中國人想得到諾貝爾文學獎，却得不到，但多少中國人得到諾貝爾科學獎。你想想，誰比較光榮？你不必一定將希望放在文學上。反而科學是中國的希望。對不對？你想想，有一天，你進入大學，而後進入中央研究院，那是多麼光榮的事！文學不是唯一的路！」

阿文沈默了。而後，他突然快樂起來，像是自己的價值受到肯定一樣，說：「是啊，人的一生，有那麼多地方要去奮鬥。我如果成爲中央研究院的院士，一定會有成就的。難道要當文學家嗎？」他談到史懷哲，也談到楊振寧、李政道，說：「做一個有志氣的中國人。進入中央研究院。」

台中公園的睡蓮有極美好的顏色，天藍、純白、粉紅、淺紫等，像是愛情的顏色，美好得使人心碎。少年的夢，和青春的顏色一樣，沈睡在水波盪漾的倒影中。現在，自己才明白，睡蓮其實是一種夏日午夢之花。但當時，尋找夢的世界的少年，根本不知道中央研究院是一個夢。我却隨意「畫」給他一個夢。直到他已精神失常以後，還常常徘徊在中央研究院去尋找資料，看雜誌，爲的難道是當年的夢嗎？我感到夢想者的悲哀了。

流向台灣海峽的竹筏

大學聯考，阿宗落榜了。

聯考前夕，他曾經不眠不休的苦讀，希望把先前用在圖書館讀課外書的精神拉回來，但時間已來不及。他常常一天只睡幾個小時，白天在圖書館看書，下午回家吃過飯，晚上睡了幾個小時又繼續，半夜讀書到天亮。像帶著恨意似的，他在課本上畫了一次又一次的紅線、綠線、藍線、黑線。這樣可以分辨書本已讀過幾次。畫滿線條的課本如此混亂，我常常無法分辨課文的內容。但阿宗却認爲這樣才有效。他的深度近視眼鏡拿下來之後，幾乎是用眼睛貼在書本上看書。整個大頭埋在書本裡，跟著課文的直行上下來回點頭。那種來回點頭的樣子，給人感覺他的身體只剩下眼睛還活著，而兩個浮凸的眼球就像在課文上滾動一般。專注的神情，令人不能不感動。有那麼幾個夜晚，我在他的書房一齊讀書，看到那樣的神情，都要爲自己的鬆散而愧疚起來。

聯考前夕，他也不再去找阿華了。他向阿華說：「希望專心讀書，考上大學，那個時候，我們就可以很快樂的在一起討論了。」然而他的想念依舊存放在內心，半夜時分，他會突然說：「如果不是爲了阿華，要有成就給她看，我實在也支撐不下去。」半夜時分，他的筆劃在書本上的聲音特別響亮，唰唰唰唰，像手上的筆可以變成刀似的，劃得紙張都穿透，破了。

「百日維新」的日子愈來愈近，50，49，48……，21，20，19……。最後的日子愈近，阿宗的心情愈焦慮，每日的睡眠時間就愈少。他變得焦慮無比，時常莫名其妙的發脾氣。六月底的一個星期日下午，我去找他，他在午睡中醒來，突然像發狂般的，大罵「什麼東西，早上也吵，晚上也吵……」從他樓上的房客到所有的老師，從聯考到他的爸爸媽媽，包括學校的文學社團與座談會，都變成他痛罵的對象。我一再道歉。但沒有用。他足足罵了半個小時以後，才像突然醒來似的，說：「怎麼了？你什麼時候來的？」

我愕立當場，不知如何是好，就隨便說：「你剛剛醒來，要不要出去吃麵？吃完再回來讀書吧。」他才喝下一杯茶，安定情緒。這時已是最後五天就聯考了。

我主動去陪考，第一天上午，他興奮的走出來，說：「照這種氣勢下去，我是很難不上台大了。」得意之情寫在臉上。但下午時候，他的氣勢又消失了。回家的路上，他一再感歎，一定要看明天的，今夜不睡覺了。

次日，他說誰也不要去陪考了。下午回到家，他却一點自信也沒有，只說看運氣吧，等待，等待看看。

他終於還是落榜了。聯考放榜的前幾天，他從成績上知道落榜已成定局。有幾天的時間，他消失在家鄉的街道上。像失蹤一般，一個平日的好朋友突然消失了，連平日的住處都找不到。幾天以後，他才以憔悴的臉色出現在大家的面前。那時他已不再有那種昂首闊步的樣子，低垂著頭，在路上，一點也不像原來的阿宗。原本在少年時代，因穿著台中一中制服而自信的姿態，變成強烈的對比，可怕的夢魘。他像失去自尊一般，只有在晚上才出現在小村的街道上，那是回家吃晚餐的必經之路。

「我不想在街上走，每一次，我老是覺得有人在背後指指點點。他們在說，看哪，一個沒有考上大學的人，一個失敗者。可是他們怎麼會了解你呢？他們只是用庸俗的觀念在看你。我也沒話說，反正自己是失敗者。一定要去遠方，不要在這個地方。」阿宗說。

整整一個夏天，因爲阿宗的緣故，我們開始由街道上消失，反而去更遠的地方——成功嶺附近，因一個朋友在那裡的一家製紙工廠打工，平時常常在廢紙堆中拿到《花花公子》之類的雜誌，我們沒事，就去那裡看《花花公子》。什麼中西文化論戰，存在主義哲學，新批評文學理論，都成爲昨日黃花。而那裡的路邊有非常便宜的香瓜，整天沒有別的東西吃都不在乎，反正香瓜可以塡飽肚子。我們像找尋樂趣般，在成功嶺附近的小巷、通往彰化的大馬路上穿行。最後有人提議，爲什麼不到大肚溪裡去游泳？這個勇敢的建議，讓夏天的午後突然醒來了。

大肚溪在台中與彰化的交界入海。從台中經過大肚橋，便進入彰化地界。我的父祖一輩常常說，清朝時代，大陸和家鄉便是經由這條河流來往。由大陸來的船由大肚溪口進入，到達臨溪的家鄉，那裡有一個小的渡口，家鄉的主要農產品由這裡出口到大陸，而大陸的農業工具也從這裡上岸。直到日本時代，大肚溪口有太多泥沙沈積，以至於無法通航，渡口的作用只剩下與彰化交通了。

我們在溪邊的地方，看到一條竹筏，那種只有一根長竹竿作撐船工具的竹筏。台中來的朋友阿里興奮起來，道：「不必找地方游泳了，大家來撐竹筏吧，把竹筏撐到對岸去。」「對岸就是彰化了。」阿宗說。「那就到彰化去吧！」已經在暑假打工的朋友阿明說。

這是一條不知什麼人擁有的竹筏。綁在一起的大竹管看來還相當堅固，大家便放心的把繩子放開，撐起竹筏向河流中央行去。因河水流速相當快，竹筏自然以極快的速度向下游和中央走。走到一半，阿宗突然興奮萬分，大叫道：「啊，你們看，這就是中流砥柱！」我負責撐竹筏，雖然用力，却也忍不住大笑起來。大家站在河中央，向上游望去，是依依的青山，綿延而去，直上中央山脈。向下游望去，是一脈無垠的水波，無限的向海洋延伸，直到在海天交接處，延展成一條細線。大家都高興得大笑。

「氣勢，氣勢。」阿宗說：「想當今天下，除了我們之外，誰看過這種景象？」

「啊，下水游泳吧！」阿里說道，就脫下衣服。我看著水流速度，趕緊制止道：「不行，危險。水流太快了。」

「還是別冒險，我們不知道這水底的深度，萬一水底有人挖過沙，會有漩渦。」阿宗說。而在地的阿明也說：「這裡常常有人出事，還是別冒險。」阿里總算停下來了。這時本來呵呵笑著的阿文突然抬起頭，指著前面的大肚橋說：「奇怪，怎麼我們一直向下游流下去？你看，大肚橋都快到了。」

我的天啊！我在心中大叫一聲，不妙了。原來這竹筏在撐的時候要有一種技巧，以上行的方向來讓竹筏保持平行前行，才能到對岸。但我們太大意了，以爲面向水流是向上，就是上行。其實，即使與水流相對照是上行也不一定，因水流是向下游流，所以視覺上一定有誤差，我們以爲是上行，到最後其實是向大肚溪出海口一直飄流過去，以至於大肚橋愈來愈近。一旦進入大肚橋，河面就非常寬闊，要至少五十公尺至一百公尺，才能到達河岸。我們等於是在河面中央，向出海口流去了。而離開我們原來的出發點，至少有二公里了。

這下大家都緊張起來。眼看著大肚橋愈來愈近，而我們的船卻根本無法向原來的岸邊靠近，反而一直飄流下去。

阿宗大叫：「怎麼辦？再停不下來，我們會流到海上去了！」阿里突然說：「下水，快下水拉住。」但他一下水，手攀在竹筏邊緣，才發現底下根本踩不到底，無法著力去拉住。他正要跳上來，這時阿宗已由另一邊下水了，他大叫道：「這邊還好，有石頭！」但正說完，身體一滑，竟向下沉。

「阿宗！」我大叫，其它人也大叫起來。阿明去到竹筏邊，只見阿宗又浮出水面，口中吐出一口水，身子跟著被拉上來。「不行，底下沒有底，水底不平，沒辦法踩。」

竹筏繼續向大肚溪出海口漂去，我們卻毫無辦法。我緊張萬分，連忙用力撐竹竿，但作用甚少，只能輕微的向一個方向移動，但無法阻止漂下去的速度。沒辦法，似乎河水到了出海口之前，河面變寬廣，水嘩嘩啦啦放開來，向下流去，流速突然就加快了。我們的技術和力量根本無法停止下來。

阿宗說道：「大家會不會游泳？會的話，大家作棄船的打算。」

這下更糟，我根本不會游泳。雖然阿里會，但阿文和阿明也不會。大家即使作棄船的打算，也無法保證全部安全上岸。阿宗的臉色都變了，他頭上臉上濕淋淋如落水狗，水滴直往下流。阿里也一樣。

「完了，完了。」大家望著大肚橋愈來愈近，都在心中想，但不敢說出來。原本負責撐竹筏的我，看看情勢，最後只能孤注一擲了。我直接說：「現在只有一個辦法，盡力把船向本來的岸上划去，大家盡力，如果能夠在出海之前，把竹筏靠岸，我們就不會怎麼樣了。」

阿宗突然說：「我下水去游泳，幫忙推。」說著便下水了。但他已不會笨得放開手，而是以腳來踢水。

我全力把竹筏向岸邊靠近，卻無法阻止下行的速度。這平日看來平緩的水流，現在竟有千斤重量一般，速度也遠遠超出我們的想像。竹筏是一邊在下行，一邊在向一面河岸接近，不知過了多久，才算慢慢接近岸邊。這時，我想到水底應該不會太深，便向阿宗叫道，用腳踩踩看。他把身體放下，一踩，肩膀浮在水面上，他大叫：「快，快到了。」而後其它人包括阿里、阿文、阿明都下水了。幸好水不深，大家總算用人力，在跌跌撞撞，有時還吃水的狼狽情況下，硬生生把竹筏推到了岸邊。

這時距離大肚橋只有二十公尺，再下去，便是寬廣的河面，甚至是出海口了。那裡的水底有多深，我們已不敢想像。

我們坐在岸邊，把身體的濕衣服脫下，擰掉一大堆水，把放在上衣口袋、幸好沒有浸濕的香菸拿出來，一個人分一根，全身濕答答，半身光溜溜的抽起菸來，而後望著大肚橋說：「如果出海了，那就不知道會怎樣了。」

「他媽的，那不成了漁民了。」阿明說。

「恐怕會飄到汪洋大海中。作個『天地一沙鷗』。」阿宗還是要保持幽默的氣勢。

「說不定，還會飄到大陸去哩！變成苦難的台灣同胞，去投奔鐵幕！」阿明說。

「那倒不如在海上當海盜。用這個竹筏當本錢吧！」大家都笑了。我回頭望向大海的方向，心中才眞正怕起來，說：「他媽的，剛才眞是好險啊！搞不好去餵沙鷗了。」

最後的善後工作是如何把這個竹筏弄回原來的岸邊。如果走回去，當作沒有這回事，當然是最方便的，反正這竹筏的主人也不知道怎麼丟的。也許幾天以後才會在這裡發現，他也許會想，是河水流下去的，怎麼也不會知道是一群青少年幹出來的事。但這樣未免太不像話，借竹筏玩了半天，還丟在半途，簡直不是「大俠」做的事。但要弄回去，又不能把竹筏開到水上，怎麼辦呢？

最笨的辦法，也是唯一的辦法：把竹筏上的繩子當拉縴的繩子，我們兩個人在岸上拉，其它人在水中，涉水推竹筏。因爲，如果只是用拉的，竹筏會卡在岸邊的石頭上，根本動不了。只能是兩個人拉，幾個人推。幸好繩子夠長，而岸邊除了水草和蘆葦之外，沒有太深的地方，還可以勉強拉縴回去。但我們已飄流下來至少有三公里，要回去談何容易。爲了提振士氣，阿宗說道：「四川拉縴，也不過如此，我們今天要輪流體驗了。來吧，嘿嘿——呦，嘿嘿——呦！」大家都笑起來。

這樣，黃昏時候，歷經幾次休息，才筋疲力竭的把竹筏拉回原處。幸好原本繫住竹筏的地方四下無人，我們以小偷的速度，騎上腳踏車，開溜。回家的路上，大家都滿意無比，既有飄流到台灣海峽的危險，又有拉縴的經驗，簡直是太刺激了。爲了慶祝，我們一邊騎車吃著香瓜，一邊大聲高唱：「I AM SAILING, I AM SAILING……」

脫衣舞的原色

補習班是黑白兩種原色組合成的地方。它常常位在學校的旁邊，有一棟大樓，裡面是如同鴿子籠的教室。白天，它和外面明亮亮的陽光比較起來，是一個黑色的、沒有光線的世界。但夜晚，却是一個白色的世界，以日光燈的蒼白爲原色，映照著人的面容的蒼白爲搭配。

白天，這兒有重考的少男少女高三畢業後未考上大學，或想考上更好學校的人。他們已不再是學生，却有著學生的希望。他們留長頭髮，美麗的少女、少男之姿，在舉手、掠髮、走路、回眸之際，不斷閃現。但他們又背負著家長的期望和升學壓力，因此，剛剛來到補習班的夏末秋初，他們的眼光中還有鬥敗的動物似的畏怯和自卑，希望有再起的一日，加上互相陌生，談戀愛的事，還不至於立即發生。但時日既久，寂寞的十八歲，青春的力量便恢復成長起來。他們漸漸出雙入對，白天一起讀書，夜晚一起散步，直與「梁山伯、祝英台」無異。那是補習班唯一的色彩。等到冬天來臨時，配對的季節已接近完成了。

阿宗進入補習班了。在這裡，每個夜晚，每個白天，都有無數的重考生在這裡做著考上大學的夢。

阿宗沉默了。他低頭在補習班上課，明明是無趣的課文，他還是得應付，只是補習班已沒有考試不好會留級的壓力，他一邊嘲笑補習班的老師是如何講黃色笑話，一邊用極大的耐性上課。他無法忘却阿華，却膽怯自卑而不敢去找她。青年的五官和性格，隨著留長的頭髮而日漸明顯了。

那一年我升上高三，學校開學不久的一個週末下午，阿宗自補習班來找我。他神秘的說：「帶你去一個地方，開開眼界。」

這是一家位在郊區的電影院，電影院外面寫著極大的宣傳字，有「世界著名歌舞團，東南亞載譽歸國」等字樣。而脫衣舞表演者有「性感巨星費雯麗」、「馬夢露」、「愛雲芬芝」、「白莎莉」、「歐陽莎菲」等；更甚的是一個脫光衣服，只在胸前乳頭處畫著兩個黑影的脫衣女郎，名叫「崔鶯鶯」者，有如西廂記的女主角登台演出。名字無非是按照當時著名的歌星改個字，或借用外國著名女星或脫星（如愛雲芬芝）的名字。一看就知道是假名。

這是個還沒有錄影機的時代，要看黃色的電影，還只能在電影院。而電影院裡，又不能放開去播放，所以只能在電影演到一半時，「插片」幾分鍾，播映精彩片段。但「插片」的部份常常和劇情無關，只是突然出現一對電影中不曾出現的陌生男女，寬衣解帶，立馬就做了起來。等警察一來，又回到原來無趣的劇情。所以，像這樣以歌舞團的形態演出，就已是大膽無比了。又過了十幾年以後的今天，錄影帶早已取代這些黃色的電影院。至於一些電影院無法取得院線電影放映權，只能演出牛肉場，把「脫衣舞」轉型爲普遍的風潮，卻是我們未曾料到的「社會變遷」。在當時，連錄影帶都還沒有產生呢！

電影院外面照例有幾個檳榔攤和打香腸的攤子，他們似乎兼有營業和眼線的味道，以保護電影院的安全。我們在戲院門口買票時，我已渾身不自在，有如做賊似的，東張西望，生怕被看到。但阿宗看到我這樣，反而大膽起來，以老馬識途的大哥帶小弟的口氣，道：「怕什麼，這裡不會有教官。別人還不都是這樣。」

戲院裡，充滿了香菸的味道。仔細看去，竟然有一些看來像是老兵的人。「你看，他們都是成功嶺的老兵，有幾個還是這裡的常客。我都能認得面孔了。」

我驚訝起來，問：「你來過？」

「當然，我也是常客。」他自豪的說。我們在戲院的角落坐下。先是抽菸作成人狀，但阿宗說：「等一下唱完國歌，就到前面左邊去。」

「爲什麼？」我問。

「等一下你就知道了。」他說。

這時我回身望去，只見兩個穿著制服的警察，坐在電影院後面的中間座位最後一排的地方。我驚訝道：「完了，你看，警察在那裡，怎麼會有精彩的呢？」但阿宗笑了起來，說：「別怕，電影院和他們是一家，等一下你就知道了。」

歌舞團的開場與電影放映一樣，依法必須唱國歌。那是由歌舞團的鼓手、兩個電吉他手共同組成的音樂。用那平日彈慣了脫衣舞音樂的懶散情調，電吉他的奇怪聲音，不太情願的調子，彈起國歌的起音：「三民主義，吾黨所宗……」配合著鼓手那種隨便敲打的節奏，竟讓國歌呈現完全不同的效果。需知，平日國歌都是以交響樂來演奏，用大中小提琴、大鼓、小喇叭、法國號等，共同組成其莊嚴的調子。

然而，一旦以這種調子來演奏，尤其是那些平日早已彈奏慣了靡靡之音的吉他手、鼓手，在演奏時不免有彈奏的慣性，這時連國歌都變成靡靡之音了。簡直跟脫衣舞的音樂無異。例如「三民主義」就是這樣彈的：「三」是一個音，但「民」尾音較長，就以電吉他的連續彈奏的顫音拉長，變成「民，民，民……」。「三，民，民，民，……，主，義，義，義，義……。」便是這樣的調子，使得國歌變成萎靡不堪的東西。這正如「崔鶯鶯」變成脫衣舞孃的名字一樣，古典和嚴肅的一切，變成如此滑稽、如此荒謬。可笑的是電影院裡的觀眾沒有人理會，反而都低著頭。有些人則知道好節目要開始了，身體悄悄向前挪動，走到前排座位。有些老兵模樣的人則更加乾脆，他們站在舞台的正前方根本沒有座位的地方，有如眞的在進行升旗典禮一般，直挺挺立正。

「你也會啦，男人是一定會『升旗』的。」阿宗用一種神秘的眼神，調皮的指著下面。

等到國歌演奏畢，轟然一聲，全部的觀眾都離開座位。他們全擁擠在舞台正前方，沒有座位的地方。各自佔據位置蹲下。節目即在一場「大型歌舞表演」中開場了。阿宗帶著我到舞台左邊，蹲下來。我回頭望去，只見那兩名警察還坐在那裡，我指了指。阿宗說：「等一下他們收了紅包，就會走了。別理他們。而且，」他笑了起來：「他們坐在後面的中間，根本就什麼也看不見。」

阿宗的判斷果然正確。因脫衣舞女郎眞正的露出要害的地方，往往都是在舞台兩邊。但更有趣的不是舞台上的，而是那些老兵。他們在黑暗中彷彿有一層保護色，更了無忌憚的叫了起來。有個老兵，年紀大約有五十幾了吧，他頭髮半白，發出外省口音，在舞台前方，高聲叫著。但這不打緊，他還伸長脖子往前伸，每當舞台上的女郎向他的方向舞過來，抬起腿，他就不斷伸長脖子，有如恨不得自己是一隻長頸鹿，把脖子伸到女郎的裙子底下。這時大家都看著他，大笑起來，連舞台上的女郎也不例外，還故意扭呀扭的，把屁股朝他的頭頂上方搖動，彷彿讓他看得更清楚一般。他得意的樂呵呵笑了。

隨後「性感女神崔鶯鶯」出場，主唱「夢鄉」。她一身黑紗衣服，把三點隱藏在半隱半現的薄紗之間。她的姿態，果然不同凡響，腰肢和下身像旋轉的磨子，前後左右的磨呀轉的，情態有如做愛般撩人。全場都跟著她的步伐轉動，頭部跟著搖晃，口哨之聲不絕，而她也不負眾望，跟著音樂慢慢寬衣解帶，甚至，走到老兵面前，作出飛吻的姿態，低下身體，晃動大胸脯，看那老兵發出呀呀嗚嗚的聲音，伸長脖子，尖嘴作親吻狀，站起身，高喊：「哦嗚！」這時她才滿意的起身。

「夢鄉」一唱完，就是她的SOLO獨舞。她東邊一下、西邊一下的搖動奶子，張開大腿，有如給觀眾以特寫鏡頭般，讓兩邊的觀眾都可以看見「重點」。飛吻還不斷作出。全場熱烈無比，狂嘯聲此起彼落。連音樂也以超重的節奏，跟著敲打「KNOCK THREE TIME」。而每敲打一下，那「崔鶯鶯」就低身搖晃，上半身的大奶子也晃動著。

直到後來的集體舞，我才稍稍清醒過來。那是一場眾樂樂的場面，著半透明服裝的一群女郎在舞台上舞動，其下身顯然是透明的，就更加引得老兵的脖子伸長到快扭到了。但大約二十五個脫衣女郎之中，竟似乎有一個孕婦。那突出的腹部，和苗條的身材根本不相稱，不像肥胖的身體，看來竟像是快生產的孕婦。懷孕的腹部使得她無法自由跳動，只是以散步的慵懶情態，走來走去，東露一下，西晃一下，看來像是爲了賺錢來應付了事。不知爲什麼，我想像到那腹部裡有一個孩子，便渾身不自在起來，彷彿原來的快樂都消失了。阿宗也一樣，我們互相對看一眼，便走到後面去抽菸。這時我回身看去，警察已不在了。

有如「成年禮」一般，這時成長起來的同學也開始了性認知的冒險。他們的遭遇和我略有不同。他們是在看「小電影」的時候，才眞正認識到女人和女體。以前初中同學，也在台中一中就讀，他就有這樣的經驗。在註冊結束後，大家口袋都還有一點錢，便相約湊錢去看「小電影」。

應該解釋一下，因「小電影」已是古老的名詞了。它是外國黃色電影的代名詞，電影製片來源有日本、美國、丹麥等。一般放映是以眞正的十六厘米電影放映機，有正規的電影底片。但由於不是新聞局檢查通過的，只能在地下放映。一般的電影院不會這麼做，太冒險了。所以只在一些私娼、公娼流動的色情區，作小範圍的放映。因其銀幕較小，範圍較小，就叫做「小電影」。(尼可拉斯・凱吉主演的電影「八厘米」就是描述這種色情工業製作的黑幕。)

另有一種放映形態，就是前面提到過的「插片」。那是一般戲院，在放映電影時突然插入播映。它來無影去無蹤。有時電影開始，國歌一唱完，就來上一段赤身裸體的「肉搏戰」。有時在電影放映一半時，突然插入放映，打斷原來的浪漫劇情，連男女主角都不是原來的人，他們突然就做愛起來了，甚至是器官特寫鏡頭，顯得異常突兀。但觀眾會突然精神都來了，他們等待的就是這個。而且，由於警察會突然臨檢，這放映還必須有人在外面把風。如果警察突然來臨，便立即又回復原來劇情。

按他們的說法，我的同學已無法滿足於插片的劇情突兀了。他們說，乾脆去看「小電影」。一個中部外地來的學生，平日住在校外，據說已和一個舞女談戀愛(有人說是同居)，冒險經驗相當豐富，便充當嚮導，把大家帶入一條平日是私娼館充斥的黑街。一個面目蒼白的中年男子在路邊叫住他們，並立即判斷出他們正是中學生「菜鳥」，剛剛註冊完畢，頭皮被教官檢查弄得只剩下三分頭，兩鬢發青，口袋裡有一點錢，但又不會有太多錢。他把他們帶到巷子裡，一個二層樓的樓上。放映一部六百元，但已是大家註冊後零用錢集合的成果了。

電影不是重點，而是看完電影後，臉色蒼白的老闆走來，用冷漠的、對付「菜鳥」的聲調說：「電影完了。下面還要不要來點別的。」

大家問道：「什麼別的？」

「看你們啦！是要QK，還是STOLIPU，還是要什麼？」

眾人面面相覷，忙問道：「這些是什麼意思？」沒有人懂得老闆在說什麼。老闆解釋一堆日本發音的名詞後，大家才明白這個世界有這麼多玩意兒，便由那大膽的向老闆說：「可不可以我們商量一下，再告訴你。」老闆出去後，大家同時好奇起來，決定至少要試一下其中一種。但什麼是可以大家都參與的呢？而且錢也不夠。最後，大家把目光集中到一個很乖的同學身上，他有一筆補習費，反正還沒交，先借大家用，以後一齊還給他。這樣決定了「STOLIPU」。他們被帶到旁邊的一個房間裡，裡面有一張床。大家都害怕的互相推托，誰去當主角。

在還沒有弄淸什麼是「STOLIPU」，正討論不已之時，一個身材苗條的年輕女子走了進來。她以自然的神情，把目光向這些頭皮發青、身穿制服反面（掩蓋學校名字，以免破壞校譽）的中學生掃了一遍，便兀自走到床邊，開始脫衣服了。一件又一件，直到胸罩、內褲。大家都呆住了，怎麼會這樣？女孩的衣服脫光後，大家更無法動彈，呆立當場。

那女孩也不理會這群中學生的發呆，只是自己閉上眼睛，光溜溜躺在床上。大家還在低聲討論怎麼會這樣，以及怎麼辦。這時那外地來的同學突然說：「來都來了，怕什麼？去看看長得什麼樣子。」便上前去，端詳起來。

其餘人面面相覷，却也都大起膽子，上前瞧瞧。這時才是眞正上起「健康教育」課了。大家討論什麼器官在那裡，同時互相告知道：「啊，在這裡。原來這個是這樣。」於是就圍過去看。有的在前，有的在後，有的在上，有的在下，五六個學生，圍著研究並觀察一個女體的情景，據朋友後來談起，簡直是「上課」。而偏偏那女的，也特別冷漠，被碰到都沒有反應，「簡直跟標本一樣，只不過皮膚光滑，摸起來特別舒服！」他們同聲說，並互相取笑當時的動作。「簡直是實驗室。跟黃色小說寫的完全不一樣。」他們說。

悄悄的做著禁忌的事，在愛情之外的冒險，去認識異性的身體，在那樣的年代，我不知道有沒有別的方法，但這卻是當時我們互相交換的訊息，在深怕教官發現的角落，在學校都不知道什麼是「健康教育」的年代，我們自己冒險去補習這一課了。

我們和阿文談起這些事時，他只是跟著笑，並沒有特別的好奇、起哄，或有下次一定要跟去的想法。一般我們都會好奇無比，一定要去冒險一次，正如別人看過的書自己好歹也看看一樣。但阿文卻非如此，只是像小孩子那樣，好玩的笑而已。所以我們雖然沒有再去，但阿文也未曾說要去。當時的自己，已開始和另一個女孩談著戀愛，大體有一些親密接觸的經驗，雖然沒有到肉體和性的地步，但卻有不同的體會了。這樣，冒險的事反而少了。

我不知道，男女的肉體接觸是不是一次生命的「成年禮」。但對女體的興趣一直缺乏，或害羞於接觸，卻是阿文的特質。他並未像我們一般，用看黃色電影、插片、《花花公子》

雜誌（這時還是絕對的禁書）、黃色小說、歌舞團等來滿足好奇。他只是少年似的，在《天地一沙鷗》、《徬徨少年時》、《鄉愁》等書中，沈浸著少年的純潔、快樂與憂愁。

現在回想，青春生命會以什麼面貌成長呢？什麼才是成長的必要因素呢？我自己都惘然了。有時我不免會想，如果我們把阿文帶到黃色電影院、歌舞團面前，那麼他會不會是今天這樣，依舊在「純眞的年代」、少年的時代生活，未曾離開呢？或者他終將會是他自己，永遠也不會改變？而改變的自己是對的嗎？

紙飛機事件

出乎大家意料之外的，阿華竟然留級了。

這個家教那樣好、心地那樣善良、目光中有著悲憫和霧水、微笑起來像淑女的女孩，竟留級了。無論如何，我都難以想像她的內心是這樣激烈。根據阿惠說，她是爲了阿宗，和他帶來的影響，開始叛逆的。叛逆者用自身的實踐，來印證叛逆的眞實。她開始大量閱讀課外書，在學校上課時偷偷看小說，無法接受制式的教育了。

她寫了大量的日記，反省自己和環境，也反省阿宗和他的想法。她突然自覺到生命的方向吧，竟暗暗的開始了自己的叛逆，却竟是那樣沉默、溫和到我們都無法察覺的地步。有著最溫和的外表，却激烈到自己都留級了，那內在的矛盾是如何之深，如何之切！直到她的姊姊，用嚴肅的態度，來找阿宗，說：「不要再找阿華了，她已留級了，你這樣做只會害了她。」

原本在教會裡相當熟悉的阿華的姊姊，戴著一副深度近視眼鏡，面容常常帶著修女般的笑容，虔誠的基督教徒。但當她嚴肅的對阿宗這樣說時，却只剩下冷冰冰的口吻，彷彿只是來宣告一個事實：你以後不要再找阿華了，她不會在教會出現，也不會在家鄉出現了。

阿宗什麼都沒說，只是點頭。像一個犯人面對行刑的槍口，他聽到冰冷的子彈穿過自己的胸口。阿宗在重考，依照社會的認知，已是一個失敗的孩子，有什麼立場去說什麼呢？

阿華搬離開阿惠的家。我們聽著阿惠的描述，彷彿看見阿華像犯人，被重罪和自己的愧疚所壓垮，平時已經有些佝僂的背脊，似乎因此而更爲彎曲了。沒有面目見父母親的阿華，一個教養那樣良好的女孩，怎麼承受這種打擊？阿華像是未曾作好叛逆革命的心理準備，就被發現繳械了的少女，那樣無奈的被押解回家了。

「爸爸說，等你們考完聯考，再繼續交往吧。你也要重考，不是嗎？」阿華的姊姊說。這最後一句更像是對阿宗的聲明：如果沒有考上大學，她的父親是不會答應他們交往的。

阿華果然離開了家鄉，似乎住到什麼地方去了。阿宗沒有勇氣去找她，只是偶然在街道上行過時，不斷觀望，但沒有她的蹤影。有朋友說：曾經見過，但人已變得不像以往那樣愛微笑、和善的打招呼，或用明亮的大眼睛看著人了。「她低著頭，好像沒有看見我。」朋友說。阿宗曾經見過一次，在家鄉的馬路邊。她只是看了阿宗一眼，便急急的低下頭，連招呼都沒有，就走了。

一場初生的愛情，便這樣開始於叛逆，並毀滅在自己所欲叛逆的社會的網罟裡。

我們陪著阿宗喝了幾次酒。有一次，在台中公園附近的山東餃子館，吃著綠豆稀飯，喝高粱酒，用期望於未來的語言，去想像重逢的日子：那時候，阿華將會以愛情的力量，以自己的尊嚴和阿宗的現實的位置（台大某個系或什麼大學的系所），去向家人印證她愛情的正確吧。然而，青春的生命在這個時候有什麼新的希望呢？說來如此荒唐，我們只是在現實的邊緣玩著叛逆的遊戲，但內在的眞實只有聯考。是的，就是這麼庸俗，只有聯考，這是唯一的出路。我們曾希望於生命的叛逆，但社會却以其眞實，決定了叛逆的出路是順從。

像宿命的輪迴，阿宗在補習班過著日子，而我們却在學校裡開始了繼續的叛逆。一個雲林鄉下來的同學阿里，本來和阿文同班，却由於喜歡文學而轉入社會組，準備讀文學系。平時他在校外租屋居住，和一些中興大學的朋友往來密切，竟常常不去學校上課，甚至一星期都沒有在學校出現。他的班級教官要同學轉告他：「來學校找教官說明。」他在拖到無法拖了，才到學校教官室報到。而且抱定認命認錯的態度。

「你爲什麼沒有來上課。」教官問。他沒有回答。「你知道嗎？你有一星期沒有來上課了。這一星期在做什麼？去那裡？」教官繼續問。他心想，反正是要記過處分，何必多說，便還是沉默，低頭認命了。這時教官突然憤怒起來：「你知道嗎？這是要記過處分的，你知道要記大過嗎？」他還是沒有回答，只是頭更低了。

教官沒有見過這樣低頭不回答的人。別人至少會辯論一下，這個學生却一聲都不吭，他反而慌了，便降低聲調說：「你到底爲什麼沒有到學校來，到那裡去了？」他竟然還是沒有聲音。

教官反而害怕了，說：「你有沒有什麼問題？有問題教官幫你解決。不要難過，不要緊。你有什麼問題？」這個傢伙竟然還是沉默。教官站起身安慰他：「你出了什麼事？不要緊，年輕人要想開一點，沒有不能解決的問題。你要想開一點！知道嗎？」然而這時的他還是沉默。教官終於沒有辦法可想了，只得道：「這樣吧，你這次不會記過，你不要擔心。有什麼問題，過兩天再來談，但要來學校上課哦。不要不來上課嘛，有什麼事隨時來找我，好嗎？」

走出教官室，他低下的頭忍不住抬起來，想笑却笑不出來，像看見荒謬劇一樣，竟然是這樣，因爲一句話都沒有說而過關！

我也常常沒去上課，家裡看見我早上出門，以爲是到學校去了，其實是躲在圖書館看課外書。學校是否考試我也不太清楚，直到高三下學期，學校即將結束的一個夜晚。那一天，我由圖書館出來已是黃昏，在門口遇見一個下課要回家的同學，他很訝異的看著我說：「你怎麼都沒去學校？」而後以奇怪的眼光看著我。

回到家裡不久，我又去阿宗那兒看聯考的書。當時我相當快樂，還告訴阿宗今天看了什麼課外書。但他只用奇怪的聲音說：「你都沒有到學校去？」我答是。他突然說：「你眞的不知道你發生什麼事了？」我確實不知道。他歎息著說：「算了，你先好好讀書，晚一點再告訴你。」聽到這樣的話，我如何沉得住氣，如何能安心讀書？便一再央求他說出來到底什麼事。最後他才不得已的說：「你都沒去學校，不知道自己已經被留級了？」

我確實不知道。阿宗和我討論有沒有可能把成績單和留級通知半途截下來，不要讓家人知道，但我實在想不出辦法，因以後還有學校通知、聯考通知、註冊。沒有逃避的辦法，只能認命了。但能否考聯考呢？也沒有把握。我們在小小的他的房間抽著菸，平日以爲自己夠叛逆的人，現在才看見拿著香菸的右手微微顫抖著，即使口氣還在強硬，但已難以掩飾不安。「不要緊，」我還在自我安慰，也等於向阿宗解釋自己失常的顫抖：「聯考不是我生命想要的，我還可以應付。」阿宗只是不斷的搖頭。最後我也不知道要說什麼了。

阿宗在重考的生活中屢次勸告我，不要步上他的後塵，一邊讀課外書，一邊要注意聯考。但我却不以爲意，不相信自己會如此。不料，事情比他的情況還糟，不僅步上他的後塵，還提早來臨。

現在回想，生命壓力來臨時，並非只有自己難以忍受，每個同學都一樣，只是大家有沒有將叛逆表現出來而已。台中一中高三畢業前夕，學校發生一件「紙飛機事件」，便是這樣的印證。

那是學校結束課業的最後一天。從這一天起，學生可以不必來學校上課，只等畢業典禮參加一下就可以了。這一天下午，夏日的風在校園裡吹著，每個人都脫下上衣，穿著汗衫在教室裡讀書。由於課業早已結束，老師根本不管學生的活動，而台中一中的學生也因爲是中部最好的中學，每個人背負著家庭的升學壓力，心中煩悶不堪，有時同學還會相約去操場後的樹林裡，「釘孤枝」，「單挑」，用打架來解決一些無謂的爭吵，消耗過剩的青春。

那一天下午，大家剛剛醒來，想到明天開始就不必來上課，不必受教官檢查頭髮、老師檢查制服的氣，心中快活無比，氣氛相當歡樂，但對要好的同學又有些依依不捨，有些人就出來教室外聊天，以免影響教室內溫習功課的同學。這時不知三樓的那一個學生，因爲調皮或者無聊，折了一個紙飛機，向下投擲，飛機做得不錯，像大鳥盤旋般，緩緩降落。不料這時，一個教官正在樓下巡視，這飛機竟在他的頭上盤旋，樓上的人都笑了起來。起初教官只是看著，看到同學在笑時，他惱羞成怒，向樓上高聲叫喊：「是誰射的，給我下來！」

明天就停課了，學校早就可以不管事了，教官算老幾？同學那裡有人理他，只是笑著，像平時朝會一樣，傳出一陣噓聲。這時，他愈加憤怒，平日在同學面前早就作威作福慣了，更加大喊：「是誰？你給我下來！再不下來，我上去抓你！別以爲停課，我就沒辦法了。」

這個說法惹得同學憤怒起來，先是一個同學說：「媽的，再射，反正課本也用不著了。」便回身去折紙飛機。大家都興奮起來，紛紛折紙飛機。然後，在三樓的走廊上，便有一些飛機，向下射去。紛紛附從的飛機惹得教官更憤怒了。他大罵起來，大叫：「記過！」「我記你大過！」「不要囂張，以爲我沒有辦法了！」

同學們眼見事情對抗起來，更加興奮。高中三年，被教官檢查平頭、褲管、制服、帽子等等，還不時以記過來威脅，上軍訓課還要出操，被他的軍事管理罵得狗血淋頭，心中早就累積著不滿，這時眼看時機已到，反正已停課，明天他那裡查得到，便更加放肆，紛紛折紙飛機，把一些不要的課本都撕下來，一張一張的，向教官那裡射去。

剎那間，樓上樓下，紙飛機像雪花般飄下，沒有人畏懼，沒有人安靜，連平日最乖的學生都加入戰場，像一場嘉年華會。教官簡直要被飛機包圍了，只得落荒而逃，一邊逃，還一邊叫著：「你們給我小心！」

有人首先想到，他可能會回去教官室搬救兵，教官可能會有很多人來，便高喊：「他回去找救兵了！」大家一陣大笑，噓聲四起，嗚嗚哇哇的亂喊。有的人，則乾脆拿來自己的便當盒，和平日蒸便當用的鐵架子，說：「媽的，明天也用不著了。」便拿來當鼓敲。便當盒的聲音如此響亮，氣氛突然更熱鬧了。最後連提水的大水壺，也變成大鼓在敲。匡噹噹，各班互相效法，應和成一團，好不熱鬧，加上紙飛機滿天亂飛，形成一片紙海，簡直把所有人都樂壞了，哈哈大笑。整個高三的教室在同一幢樓，樓上樓下早已喧譁成一片，連別幢的高二學生都無法上課了，紛紛跑出來看怎麼一回事，最後也加入噓聲。

教官果然來了，他們約莫有四五個人，遠遠的走來，被大家看見，便以一陣更大的噓聲來迎接。高中三個年級，一齊加入。他們被這種幾近暴動的場面嚇壞了，轉頭就走。後來，有一個平日對同學較好的教官，在學校的擴音器裡廣播，說：「希望高三同學不要鬧事，讓高二同學可以上課。」但那裡可以平息？已經積壓三年的不滿和聯考的壓力，好不容易找到一次發洩的機會，怎麼會輕易放棄呢？

更多的紙飛機和聲音，在校園裡迴盪。最後，教官只得放棄了，再也沒有了聲音。最後同學連紙飛機也不折，把課本撕破，一頁一頁往下丟。等到沒有更刺激的了，一個同學突然高喊：「反正便當也用不著了。」便拿起來，往下丟，有如要把高中生涯丟在學校裡。便當發出匡噹一個大聲響。大家又群起效法，把便當都往下丟。這時，有更瘋狂的人，竟把大水壺也往下丟，各班又丟了一陣。等到自己的課本和便當、學校的大水壺、提便當的鐵架子都丟光，笑也笑夠了，玩也玩夠了，力氣也用盡了，這時也到了該下課回家的黃昏了。「高中生涯結束了！」大家踩著滿地的課本、紙張、飛機、便當、敲壞的水壺等等，互告珍重，請多連絡，依依不捨的離去，心中簡直愛死了台中一中，愛得不得了。

往後，據說這次事件讓學校檢討很久。但到了下一屆學生畢業時，也照常來這麼一下，教官也毫無辦法。簡直變成「傳統」了。

討海的獨臂人

學校的通知來了。

學校的通知是：還可以繼續考聯考，只是資格變成同等學歷。沒有辦法的辦法，父母只能接受了，但媽媽傷心得直掉淚。父親將這件事視爲家族的恥辱，對我傷心透頂。這一年阿宗考上了台北的一所學院的法國文學系，而阿文却是我們應屆畢業生朋友中，唯一考上大學的人，出乎想像之外，他考上中部大學的數學系。數學似乎成了他的第一志願。我雖然以同等學歷去應考，但落榜。

我把自己關在阿宗的住處，每天看當時是禁書的小本裝訂的金庸武俠小說。那種印成十幾冊的連載。直到暑假快結束時，我才決定去學校辦理休學，不願再回去上高三留級的課了。我看見自己走著阿宗走過的路，更看見高中生活的荒廢。心裡終於不得不承認，一定要適應以幾本課本來度過聯考的無聊生活。

那是一個荒蕪、孤獨、遊蕩的秋天。我常常早晨醒來，不知今天要去那裡，便獨自坐著車，去附近一些小鎮，例如鹿港、大甲、溪湖、埔里等，漫無目的的遊蕩。在鹿港的海邊，我曾經遇見過一個高大、瘦削、冷漠的獨臂人。他的左手臂已斷，像是用什麼利器切斷似的竟在肩膀處整整齊齊的斷了。然而他卻在右肩揹著一個竹簍，腳上穿著草鞋，像是要下海捕魚的。

「要下海嗎？」我問。那是在通往海邊的道路上。

他看了我一眼，點點頭，沒有作聲，繼續走著。我看出他的腳步並不特別急促，顯然還有一點時間，便問道：「這竹簍是抓什麼的？」

「抓蟳仔的。」他說。我對什麼是蟳並不清楚，但卻想下海看看，便說道：「只是這個竹簍，或者有其它的東西？」他笑了起來，說：「本來就在海裡放了竹簍子，現在只是去收而已。」我想起家鄉河邊抓螃蟹的情景，便說道：「先有竹簍在海水裡邊，等紅蟳進去了再去收，是嗎？」他點頭，態度已和善很多。

我拿了一根香菸請他，本來想停下來點菸，因海邊風特別大，必須以身體和手一齊抵擋風的貫穿，才能點著，甚至還有困難。但他却在接過香菸後，繼續往前走。那單獨的右臂從口袋裡拿出火柴，用手指抽出火柴棒，以小指和無名指握住火柴盒，以食指和拇指握住火柴棒，向著風，用力一劃，火柴竟燒著了，並且在火柴棒上的磷火未燒盡前的剎那，將香菸點著了。我却點了幾次，還無法點著。他指點道：「你要快，趁火柴前面的磷火燒起來時，馬上點菸。否則風一下就吹熄了。」我照樣做了兩遍，才知道訣竅只是在利用磷火，要向風，讓火往香菸吹，動作要快。

他似乎對我的學習能力非常滿意，便問道：「少年仔，你來這裡做什麼？」

「只是來海邊走走，看看討海人怎麼過生活。」我說。

我好奇其獨臂的樣子，且他的走路有一種奇特的姿態，那是常年在海水中行走，爲了對付海水的湧動、波浪的浮沈、潮汐的拍打，所訓練出的一種特別低沉的足部移動方法。上半身似乎不會動，連手都因爲拿著竹簍而不動，而下半身則是讓腳底和地面保持最低的距離，彷彿腳底是貼著地面移行。如此，即使巨大波浪打來，他還可以立即反應，讓腳底著地，不至於被波浪推倒。不知道是不是長年的訓練，他竟是以上身完全不動的姿勢，走向海邊。彷彿強大的海風都不存在似的。

那種強韌的生命力，那種面向大海的悍然的姿勢，那種獨臂却可以如此迅速點燃香菸的技巧，令我無言的站在他的旁邊。然後，我想了想說：「我能不能跟你一齊下海去看看？」因我眞的想知道這海中訓練的生命力，在自己身上會不會激發出來。

他沒有回答，只是抬頭看著海邊海防部隊的崗哨，發現還是有幾個兵在，便回答說：「他們都在，現在又沒有漁民的車子要進去，否則你可以坐他們的車，跟著進去。看來你得碰碰運氣了。」然後，他抽完菸，看了我一眼，說：「你身體皮膚也太白了，不像漁民，否則我說你是我的親戚，也是漁民，也許可以混過去。現在只能碰運氣了。你跟著我走吧！別出聲，他們會認出來。」

果然，崗哨的兵一下就認出我來，他們吹哨子高喊「不准進入」。那獨臂人望著我，沒有表情，而後走向海邊，在士兵看不見的地方，回頭揮揮手。我只能站在海邊，看著那獨臂人單獨走向正在退潮的茫茫海水之中。

孤獨、遊蕩的秋天，我只是這樣流浪著，不了解自己在尋找什麼，或逃避什麼。只是在遊蕩，在不同的鄉鎮，看著不同的人的生活。

存在主義列車

阿宗離開後，他的住處已無法再去，我只能待在家裡。因家裡剛剛建好新的房子，獨幢三樓透天厝，四樓頂層是一個放祖先神明的祭拜祠堂。爲了避免被家人嘮叨而起衝突，白天上補習班，晚上我便在四樓頂樓的小祠堂面對列祖列宗，單獨讀書。秋天到冬天，我無可遏止的讀著文學作品，寫著孤獨憤世的詩句。

那一年冬天，我在難以渡過的沮喪時刻，便常常想起那海邊的獨臂人，他的齊肩斷去的肩膀，他的獨臂點菸的姿勢，他的冷漠孤獨的表情，和那被海浪所訓練出來的、貼著地面移行的堅定腳步，以及挺直不屈的上身，便又生出一點無懼的生命力量來。「人可以這樣活著。」我對自己說。

唯一的友伴竟是阿文。彷彿是爲了安慰朋友，他辦了休學，和我一齊重考，但目標已由數學系轉移爲文學系，準備和朋友一起走文科的道路。他的家人對他非常不諒解，但如果他沒有考上，明年還可以再回去就讀，心裡沒有壓力，因此他沒有上補習班。白天我在補習班上課，常常想起阿宗那時的心情，面對阿華的離去，面對本來是光榮的台中一中學生，現在是低沉的重考生，我漸漸能想像聯考對生命的壓抑。我確實有難以言說的墜落低沈之感了。

冬天的家鄉火車站更加孤寂，午後的陽光斜照著黑色鐵軌，帶著一種冰冷的色澤。寒流剛剛過去，火車站有日據時代即在此工作的人，仍瑟縮在小小的售票亭裡，他們戴著古老的帽子，著灰藍色的制服，在火車靠站後，才從裡面走出來，而後整個車站又成爲無人的荒涼。空蕩蕩的月台沒有聲音，除了過站的火車外，再無人影。

我和阿文起先在月台上抽菸。他一般是不抽菸的，但彷彿是爲了作伴，他跟著隨便抽起來。而後走到孤島般的月台前端，那兒可以遠望鐵軌上的來車。我們聊著存在主義，像以往的日子那樣，談著聯考的荒謬，談著生命的無聊，談著存在的意義是什麼。他對自己爲什麼要休學，考文史學系，有著一種激情。「唯有這樣才有存在的意義。」他說。

「但最後又能決定什麼事呢？人的生命不都是別人決定的嗎？我們還不是靠別人決定我們要不要考聯考，否則我們根本不必考聯考了。也不必這麼痛苦。」我們談起存在主義，「選擇」才是一種生命意志的表示，生命本身即是荒謬而沒有意義，人活著不是爲了別人而活，而是爲自己而活，但人要如何爲自己而活呢？爲了理想嗎？理想是什麼？存在的意義又是什麼？人有沒有「選擇」的權利？

一列火車自遠方發出敲擊鐵軌的叮噹叮噹聲響，由遠而近，帶著轟然的颶風，從身邊駛過。阿文拉開喉嚨，向列車高喊著：「啊——，流浪啊，流浪啊！」自阿宗離開後，阿文即常常說著流浪。

我們繼續說著半生不熟的存在主義，把它當成在苦悶的聯考生活中，唯一有意義的追尋。「難道人沒有拒絕生存的權力？」我說。

「生活的荒謬啊，像赫塞《徬徨少年時》寫的，少年的生命成長起來就會被扼殺在現實裡了。」他說，而後有些高興了。

「但我們有沒有選擇或拒絕的權力呢？」我說。而且爲了舉例，我開始以列車爲例說：「像現在，如果我們要做決定，就可以是一場生死的選擇。選擇生或者死。與其這樣沒有意志的活著，不如現在就做一個選擇。」阿文有些訝異的望著我。我却聽到遠處傳來列車敲擊鐵軌的叮噹叮噹的聲音，那聲音沒有慢下來的意思，且這個時間應該沒有靠站的慢車。

「像現在，火車到達前我們就可以選擇，火車會從那一個方向來。如果是由我們左邊過去，那我們就可以選擇活著，但如果火車由右邊過來，那我們就選擇跳下去，撞在火車上，選擇死亡。對不對？」說著，我自己也有些激動起來，注視著他的眼睛說：「如果存在就是選擇，我們現在就來選擇一次吧！」爲了表示決心的姿勢，我把香菸頭丟到鐵軌上，看它跳動幾下，閃出一陣火花。

我突然殘酷起來，說：「我們都說，存在就是一種選擇，那麼我們敢做選擇嗎？在火車來臨之前，我們選擇右邊，或是左邊，這樣，我們就可以選擇生或者死。你敢不敢？」列車的聲音愈來愈大了，不遠處的平交道上的柵欄已噹噹作響，放了下來。我聽見自己內心用生命作賭注的恐懼，心跳正在加劇。

阿文的大眼睛望著冰冷的黑色鐵軌，有如在想像著自己撞擊在急速行駛的列車上，死亡的場景。那平時溫柔如同小動物的孩子氣眼睛，閃現迷茫的神色。我當然也想像著列車急速撞擊在身體上，整個人會因此血肉橫飛，無法辨認。

「做選擇吧！」我還是故作勇敢的說。他的臉上出現一陣紅暈，像是激動著，然後說：「好啊。怕什麼？」眼睛依舊望著鐵軌。那是一列南下快車，帶著巨大的聲音，轟隆轟隆自遠處急馳而來。我們站在孤島般的月台上。

「如果火車從右邊過來，我們跳下去，死亡。如果火車從左邊過來，就是生存。」我橫下心，握著他的手說：「就這樣，怕什麼？」

他的面孔嚴肅無比，單純的眼睛裡，閃現恐懼的神色，直直望著飛馳的火車。只見列車的黑色巨獸般的面孔，發出一聲嗚的長音汽笛，像是威嚇的示威。「他媽的，怕什麼？我們不一定會死。」我說。

我們站在月台孤島上，看著那列車轟轟然馳來，在剎那間，一聲軌道轉變的卡嗟聲，火車竟然向著右邊的軌道轉彎。

這過站列車竟然要我們死！

剎那間我們恍如看見自己的身體飛向急速行駛的列車一般，撞得粉碎了。是的，如果照我們的選擇，那只有死亡，只有死亡。列車來臨的剎那，我感到自己的手不自覺用力，緊緊拉住阿文的手臂。我突然怕他眞的往下跳。他的右手也不自覺的伸過來握緊我的手臂。

卡嗟卡嗟，變成匡噹匡噹的鐵軌撞擊聲，列車帶著颶風，帶著毀滅的力量，轟然的自我們的身旁駛過。冬日的寒風切割在臉上，如刀子拍打在面孔。我回頭看見阿文的臉色，紅暈褪去，只剩下慘然的蒼白，有如死了一次。我知道自己的臉色，不會更好。列車過後，整個月台站著兩個互相扶持的少年，陽光明晃晃射落下來……。

多年以後，回想到這樣的場景，我時常有一種愧疚的感覺。當時的自己並沒有眞正的決心，在列車駛來之前做生死的選擇，有的只是一種苦悶欲死的情緒，但欲死和死亡是兩回事。想死和眞正的死亡之間，其實就是人活著的原因吧！

而阿文却不一樣，他有一種陪著朋友去做選擇的恐懼。那種生死的抉擇決定於剎那間，甚至連想都沒有想淸楚，只是想以行動證明自己的存在。我不知道當時他的想法，他也只是用興奮的語氣，向阿宗敍述過這個「存在主義的抉擇」。直到多年以後，傳說他精神失常後，還常常在家鄉的街道、火車站徘徊，我才開始內疚起來。但要想了解他的想法已太遲了。

那一年冬天，寒流來襲的夜晚，我獨自在家裡四樓上寫詩，將隱密的情緒，所有的苦悶，傾倒在詩句裡。一堆詩的稿紙，放在祖宗牌位前的抽屜裡。每寫好一首，就往裡面放，那時大約有幾十首了吧。但我竟沒有勇氣重看。

阿宗來信，寫到台北的生活，寫到大學雖然無趣，但却是唯一可以離開家鄉的方法。我們要到遠方流浪，才能有自由，有自己的意志，等到成功，才能回到家鄉。

冬末的夜晚，寒風吹過遠方的河流和鐵橋。那風有如一個人在寒夜裡，把鐵橋當哨子吹，發出呼嘯的聲音。冬夜的風，冰冷的空氣，孤獨的祠堂裡飄著祖母燒過的香的味道。我抬頭看見祖父的遺像，那農民的面容，素樸得如同用泥土捏塑出來的，正用悲憫的目光看著自己。安靜的抽了兩根菸後，我先是起身走到外面看看星星，空中因爲冰涼而特別乾淨，星星散著寒光，我聽到風聲傳來火車經過鐵橋的聲音，咔嗟，咔嗟，如遙遠的呢喃。我走回室內，從祠堂放置香火的桌子下，拿出寫好的、已經有一大疊的詩稿，然後站在平常燒香的爐子前，劃亮火柴，一張一張的放下去燒。

詩稿在寒風中焚燒，火光帶來熱的空氣，旋轉上升，燒成灰燼的紙隨即飄上天空，未燒盡的紙上的火星飄在風中，閃閃爍爍，如螢火蟲在飛翔。我彷彿看見自己寫過的詩，悲傷或孤獨的句子，在空中閃爍，而後永遠消失。

「這就是你要去的地方。」我對螢火蟲說。自己竟是如此安靜，有如告別，不需要聲音。

故鄉的堡壘

那一年夏天，在寂寞而刻苦的埋頭讀書之後，我考上了大學。媽媽用悲傷的眼睛望著我，無比寬容，無比溫暖的說：「你要好好讀完大學啊，千萬別再留級，或者退學了。要知道，如果大學不能畢業，以後你就會變成高中學歷都沒有的人啊！」我無言了。這一年裡她承受著我和父親之間的冷戰，一點辦法也沒有，只能默默看著，關心著。

家鄉只剩下阿文，因爲他沒有考上文學系所的大學，只能回到中部的大學唸數學系。我也在那年的秋天離開。

那一年夏天，阿宗回家鄉過暑假。我們常常在夏日午後，順著溪流散步。黃昏時，溪邊正好可以泡水，有時還可以撿拾溪邊養鵝人家的鵝蛋；只要你追著看來胖胖的母鵝，讓它扭著肥肥的屁股，著急的奔跑，情急之下，常會生下未變硬的蛋。爲了吃那碩大無比的鵝蛋，大家用五百CC牛奶來沖泡。然而，沒有料到，鵝蛋是如此之腥，全部人雖然以增加男性雄風自勉，勉強喝下一口，但通通受不了。

離別之前，我們聚在一起喝酒，阿文向我和阿宗說：「以後這裡就剩下我一個人了。」他有些傷感。阿宗說：「沒有關係，反正你本來就叫 ORPHAN。」說著促狹的笑了。「不過，你的任務非常重大。想想看，我們都北上去讀書了，家鄉的女人誰來看著呢？你可要幫助我們，看好這些女子，不要讓那些不三不四的王八蛋把走了。」

阿文高興起來，開心的笑了，「這個任務太艱鉅，你自己來做吧。女人又不是我的，怎麼看得住呢？」

「要發揮故鄉的精神，變成家鄉最後的堡壘。要看住最後一個女人。至少你的 SENTIMENTAL 要看緊吧！」阿宗說。阿文無話可說，只是笑著說：「我的女人你不必擔心，SENTIMENTAL 很好，她一定會遵守婦道的。男人嘛，對付女人總是要有辦法的。」阿文用誇張的口吻說著，有如那女子眞的是他的女人一般。但他的聲音太細嫩，有如未發育的孩子。我們只是笑著安慰他：「不要緊，你只管看住自己的女人，好好跟她談上戀愛，這樣就夠了。我們要去轉戰南北了。」

「就是要這樣，去別的地方轉戰，這才像個男子漢！」阿文說著，有不勝羨慕之感。我安慰道：「我們先去打天下，等你來，那時候幫你介紹一堆台北的女人，讓你忘記家鄉的女人。男子漢志在四方，怎麼可以爲了家鄉的兒女情長，忘了天下有許多好女人？」我不知如何說，便跟著阿宗胡說八道。雖然我們都知道，這是一些誇張的笑話。因爲，我們根本沒有一個人，眞正去和心目中的女子談過戀愛，只有阿宗的精神戀愛才是眞的，但即使他考上大學以後，阿華也沒有消息。她的家人根本禁止兩個人交往。阿華並沒有消失在學校，也還是在上課，但阿宗就是無法連絡，等於結束了。但他仍然無法忘情，在喝酒以後，想起以前和她討論存在主義的夜晚，那溫柔的聲音和眼神，傷感得不能自已。

我也一樣，有時想起來，總是認爲如果她那時願意和我重新來過，即使生命只剩下一年光陰都不可惜。然而生命是如此孤寂，我已放棄對她的想望，在新的追尋中，在新的一次戀情中，用自己能夠付出的喜悅和悲傷，體會了青少年的愛情。而這時，生命已步入青年了。我已將近十九歲，再不能這樣下去了。

我想起獨自在四樓的祠堂外，焚燒詩稿的場景，那時無法了解的什麼感受，像是一種安靜的告別，現在才明白，那是向青春的告別。在烈火中，當寫著「冬夜」、「流浪」、「過站列車」等詩句的稿紙，像一張一張記憶，在烈火中焚燒，飄散，變成灰，而後，向著滿天星星的天空，如螢火蟲般，上升飄動，消逝在寒冷的風中。我終於知道，這是告別的火光。

當我覺得自己喝醉了的時候，阿文更已醉得身體斜倒，在桌子上睡著了。只有阿宗，他還在說著：「阿文，你起來，不能睡著，你必須在家鄉堅持，像永遠的守護神。你給我醒來……。」

我知道，這些日子以來的生活已告一個段落。新的生活等在未來。媽媽一直擔心，我的生活會因阿宗或阿文的影響，變成聯考的落榜生。但恰恰相反，我是用冷酷的現實態度面對聯考，去保護內心裡眞正想望的內核。我不想用自己的毀滅選擇，來應付或逃避，一如當時與阿文面對列車的情況一樣。是的，我再也不要成爲被毀滅的生命。如果要毀滅，我寧可自己毀滅，也不需要假手他人。阿宗和阿文是支撐我生命的力量，再也沒有比在生命毀滅的邊緣站在一起的朋友更能印證眞實的面貌。

「我要去流浪了。阿文。」酒醉中，我拉起阿文，將他拉到我的房間，睡在床上，全身累得無法呼吸。這時我才知道，眞正喝醉的人，他的身體已失去知覺，跟一個死人一樣，你無法著力，只能拖著他，像對付一團棉花球，一個水袋，必須用盡所有力量才能提起。次日醒來，阿宗和阿文都已離去，我的房間裡，只剩下自己在睡覺。一如往常，他們怕我的家人發現，都提前在一大早溜了。

追蹤者的足跡

我們眞的發現阿文精神失常時，已是大學畢業，就讀研究所了。

上大學之後，我們變成只能在寒暑假回到家鄉才見面。加上阿宗搬家到台中市區，見面的機會就更少了。阿文雖然也曾北上來找我們，但生活的差距已使得我們共同的語言愈來愈少。他北上時，有如爲了報告家鄉的情況，依舊叨唸著舊日的女孩，或者是以往我們讀過的書，帶著一種浪漫懷舊的情緒。直到喝醉以後，他還會說：「你們都把我丟在台中，自己開溜來台北了。」

一九七八年是變動的時代，也是政治的時代，黨外政團以集體的形式，開始了政治運動。那一年選舉，因台中一中當年的同學都在台北，大家相約在一些政見會場見面，也在台大前的「民主廣場」相見，議論時政。隨後的中美斷交、美麗島事件等，我們都無由自主的捲入到時代的動盪氣氛裡。雖然不是直接參與，但時代的氣氛迫使我們開始追究近代史的眞相。從而，以往所建立的種種想法都因此改觀了。

當朋友的興趣都已轉向政治時，唯有阿文還停留在浪漫的年代。每年寒暑假，我們依舊漫遊在家鄉的街道，只是已不再談論以往的女孩了。唯有阿文，似乎還停留在少年的記憶，不斷提SENTIMENTAL。我們都疲憊無比，覺得這是一個未長大的人，但又不願掃他的興，便跟著起哄，說東道西。他也在這氣氛中得到滿足似的，直稱那未曾談過戀愛的女孩是她的女人了。除此之外，我們已沒有什麼可以交集的話題。

即便是談論時事，阿文依舊有他的論題，他會說：「管他什麼社會的變化，我們一定會出頭的。以後我要進入中央研究院，變成數學的諾貝爾獎得主。你們也會變成諾貝爾文學獎得主的。」

我們曾介紹其它台中的朋友給他，但他們都和阿文格格不入，或根本談不到一起，因爲無法忍受阿文的夢話。或者，他們會批評說：「不知道他在說什麼。」我們已遺忘的夢，後來提起來都會害羞的「偉大理想」，在上大學後，已明白它除了是一個小鎮少年的夢之外，本身永遠也不會實現。如此，在大學生活中，大家都離開了原來的夢想，各自在現實裡掙扎了。尤其是大學畢業前夕，這掙扎更甚。「偉大」、「世界一流的」這些都變成可笑的話語，但阿文還在說。這就更加令人害羞而不知如何應對了。但因爲太熟悉了，我們都以爲這只是他遇見我們才這樣，正如我們遇見他的時候，才會跟著說些夢話一樣。

直到一個初中同學轉學到阿文的學校，和阿文同系上課，才知道阿文即使在同學面前也是這樣。「人有點瘋瘋的，」這個朋友因爲知道我和阿文是小學同學，便客氣的說：「有時會講一些我們不知道什麼意思的話，但又會莫名其妙罵我們庸俗。有一次我們在打麻將，他把我們都痛罵一頓。大家都覺得他莫名其妙，跟他有什麼關係？」

「這個人腦筋有點『秀斗』。」他笑著說：「常常在說別人一點理想都沒有。我們就問他，那你有什麼理想？他說，你們太庸俗，不值得講。但又說，他以後會得諾貝爾數學獎，當中國的陳省身、偉大的數學家。哈哈，弄得我們都不知道怎麼回答。後來有人對他說，你既然這麼偉大，怎麼會在這裡？快快到美國去吧！」

我無法說什麼了，只能向他說：「阿文是一個孩子氣很重的人，別太在意，他只是還沒有長大，有時候多照顧一下，別讓人欺負他。」

「沒有辦法欺負他。他自己覺得太偉大了，許多人覺得他頭殼壞去了，都怕他，不敢和他交往了。怎麼會欺負他呢？」他說：「連我也怕他，最好不要來找我。否則，我實在受不了。眞的，我們老朋友，我不會欺騙你。」

阿文在學校裡大約成了孤獨的人吧。我彷彿看見他帶著自己的記憶，在一個丘陵上的大學裡徘徊。但壞事却接著傳來，他得到B型肝炎。

那是大三的寒假，我照例在家裡請朋友喝春酒，他來了，身體却佝僂得如同小老頭，背弓著，胸口向內縮，身體單薄像一層紙。臘黃的臉色，使我看了都嚇一跳。我準備了一桌子的菜，他却嚅嚅囁囁的說：「我最好不要在這裡吃飯。我身體不好。」

「怎麼會這樣呢？」阿宗說：「家裡怎麼啦？」

「沒有啦，家裡沒怎麼樣。是我自己身體不好。我不能在這裡吃飯。」阿文低頭說，眼睛竟不敢抬起來看人，只是一直望著地上。

「你是不是生了什麼病？變得這麼瘦。有什麼病不能吃飯呢？你是什麼病？」我問。

「是……，是B型肝炎，怕傳染給你們。」阿文終於說：「如果要吃，恐怕要準備另一雙筷子，碗用過以後要丟掉，才不會傳染給你們家。」他害怕的說。

我看著他臘黃的臉色，本來以爲是癌症之類的，尤其是他的憂慮的樣子，更令人以爲會有生命危險，這時不禁哈哈大笑起來，說：「有什麼關係，幾雙筷子，一個碗，還有什麼擔心的，吃飯就吃飯嘛！你自己小心就好了。別擔心，不會強迫你喝酒。」

然而，他的生命不僅受到B型肝炎的影響。他的態度已無法像以前那樣，自在的說話了，反而用細小的聲音，像是怕講話都會傳染似的；不敢抬起頭，彷彿是一個飽受欺負的小媳婦模樣。我不知道什麼原因，只是心疼，覺得眼前的生命似乎已不是當年的人。我想起他的口氣，便用以前的口吻說：「喂，以前交代你要看好家鄉的女人。現在生病了，有沒有女人來看你？」

阿文沒有回答，只是低著頭，並不夾菜或動筷子，身體不動的望著桌子，對我的問話毫無反應。我和阿宗無言相視，不知該如何是好，那一餐飯便草草結束了。事後，我有些擔心阿文的身體，但阿宗認爲B型肝炎可以治好的，只要好好調養，生活習慣改變一下，不要太勞累，「現代的科技，除了癌症，什麼東西不能治？阿文太緊張了。」他樂觀的說。

然而，從此以後我們再很少看到阿文了。放假時去找他，他的家人總是說不在。阿文好像從這世上消失了。直到後來，因他去找阿宗，才知道他已眞的精神失常了。那是一個深夜，他打了一通電話，要阿宗出去喝酒。阿宗問他，B型肝炎好了嗎？他說，好了，全身健康得不得了，現在華燈初上，出來喝酒吧！阿宗以爲他的精神亦隨著B型肝炎的痊癒而恢復正常，高高興興出去了。不料在見面不久，他便談起現在有許多人在追殺他，尤其是當今政壇上當權的某知名人士，更派出殺手多名，爲的是要消滅他所預知的未來，因爲他的智慧所知道的陰謀太多了。他們要消滅眞正的智慧之士。阿文說。

以爲他已經痊癒而高興的阿宗根本無法回答。他只是一再勸他不會這樣，安靜過日子，台灣什麼事都不會發生，我們這種鄉下的孩子，沒有人會在意的。但阿文堅持，他確實重要，才會這樣對付他。在這樣斷斷續續的對話中，阿宗最後才發現，阿文根本未從大學畢業，他可能因爲精神問題，被退學了。但他很堅持要考研究所，反覆述說著年少時代的夢。他仍能清醒的說：「即使我沒有畢業，也可以用同等學歷去考。怕什麼？人生到處有青山。」

然而我終究沒有再見到他，只聽過母親用惋惜的口吻說：「他現在怎麼好像發瘋了，全身髒兮兮，在街頭巷尾走來走去。每天早上去小學運動，在操場還常常看到他在樹下站著，像個瘋子。可惜呀，那樣聰明的孩子。」

還有一個朋友，早期我們曾經追求過的女生，她說被阿文跟蹤過，每天早晨，她去上班，在公車的站牌前，總是看到阿文，而阿文還跟著她去坐公車，直到她上班的地方。「太恐怖了。當初，我只是想打個招呼，很久未見面了，又不是不認識的人。想不到打招呼之後，第二天，他就開始跟蹤我。太可怕了，現在我只好每天自己騎摩托車去上班。」

我感到無由言說的悲哀了。尤其，阿文當年所愛的 SENTIMENTAL 其實早已結婚生子，阿文却根本當做沒有這回事，或者他根本不知道有這回事呢。而他所追蹤的人，便是當年我所單戀的女生。我感到非常尷尬，只能向她說：「他精神不太正常，你自己要小心。

但他不會傷害人的，他只是沒有長大，精神受刺激太大了。」

不知道為什麼，我彷彿可以看見阿文的身軀還是以前的樣子，那樣瘦小，在操場跑步，用自己的意志，要鍛鍊成「堅強的男子漢」，像以前那樣，用少年單戀的方式，去追蹤女生的足跡。那些少年的歲月突然回到眼前。我曾和阿宗談起這些事，他也感傷起來了。有一次，在故鄉的深夜，原本喝過酒而決定要睡在我家，阿宗竟然提議去火車站散步。

那時夜已深了。我非常想睡覺，便不理他，自己回家。他次日說：他自己一個人醉醺醺的走到家鄉的十字路口，看到一個小學同學的家，原本是一個麵店，現在已改成二十四小時超商，心裡想，時代變化如此之大，故鄉都有二十四小時商店了，便決定進去買一瓶啤酒漱口，一走進去，向一個十七八歲的小夥子說：「給我拿一瓶啤酒。」那小夥子看他一眼，說：「在裡面，自己去拿。」他酒意十足，心裡便十分不滿，覺得年輕人竟對家鄉的前輩如此無禮。拿了啤酒後，他到櫃台付錢時，向那小夥子道：「你認得我嗎？你認得我嗎？我是你老闆的同學，你知道嗎？你老闆小時候的名字就叫『大爛巴』，你知道嗎？他在不在，你叫他出來！」

那小夥子看他大約喝醉了，便不理他。他只得提著啤酒，自己到火車站去喝。他說，夜間的風在車站四面吹起，全身寒涼起來，這時才感到秋天到了，心裡悲傷無比，但還是被酒意征服，睡意湧上，最後獨自回來，竟在車子裡睡著了。直到次日中午，我才在家門口看見他的車，還停在我家門口，阿宗竟這樣睡了一夜！

無論阿宗和我在內心都不無愧疚之感。彷彿如果阿文跟著我們一起上台北讀大學，不要把他單獨放在台中，在生活中一齊成長，便不會是今天這樣吧。但青春時光已永遠無法追回了。

有一次，我們碰到阿文的哥哥。這個比阿文矮小，但精神強悍、在家鄉混過流氓的哥哥，說起阿文時，幾乎是恨得咬牙切齒。他竟說：「這個人是假瘋，根本就是假瘋！哪一天，我狠狠打他一頓，看看他會不會再瘋下去！」「或許應該去看心理醫生，或精神科醫生吧？」我們說。但阿文的哥哥卻說：「什麼醫生都不必了，就是欠打。」

隨後，阿宗不知由那裡得來的消息，才知道阿文的家族曾有這樣的遺傳。不知是他的母親或父親的一系，曾有過這樣的病例，他的精神問題可能跟遺傳有關。這樣說，我們似乎也就安心了，便日漸的遺忘了這樣一個朋友，如同遺忘自己有過的、恐懼去面對的難題一樣。然而，我到底在恐懼什麼呢？我又想遺忘什麼呢？

堤防上的空竹丸仔

我們少年時代幾乎乘著竹筏流入台灣海峽的大肚溪，在家鄉逐漸有了不一樣的面貌。隨著溪床的升高，兩邊加高了堤防，堤防邊有一片水泥地，跟著堤防延伸出去，大約有三、四公里長。原本是農民種地種菜的河濱地，現在大部份已無人耕種。童年時代曾是風景的白鷺鷥，原本已消失無跡，現在又因爲廢耕，不再使用農藥，竟恢復了生機。

這河邊原本有一座小廟，廟旁邊是幾棵老榕樹。以前高中時代，我們喜歡到這裡來走一走，爬到樹上去乘涼。現在，老榕樹依舊在，只是小廟已變成一座大廟。在面對大肚溪的寬闊景觀下，這廟顯得相當恢宏，香火出奇的好。每年春節，我帶著妻女回到台中老家過年，大年初一早晨，照例到這裡來拜拜祈福。這一年也不例外，只是妻子肚子裡有了第二個孩子，年後即將生產。阿宗也結了婚，有兩個孩子，在中部一個專門負責中小學教師和校長在職訓練的教育部門工作，生活規律得有如公務員。而我却在台北娶妻生子，安家落戶。十幾年已經過去了。

冬日午後，我和阿宗在河邊散步。像年少時代一樣，我們有一搭沒一搭的談著一些古老朋友的故事。那個朋友後來變成哲學系副教授，那個朋友當律師，那個朋友的作品獲得廣告獎，那個朋友當年拒絕聯考，現在在搞台獨，前一陣子還來了台中，說是要鼓吹台中蓋一個巨蛋棒球場，它會帶來的巨大週邊土地利益，至少要用百億計。還有以前跟阿宗戀愛得留級的女子，現在好像在教書，曾出國留學，不知生了小孩沒有。我的單戀女子，阿宗在一次教育的場合見到，她似乎認出阿宗，竟轉身就走了。「她的身體好像變胖了，可能是懷孕吧，怕我看到。」阿宗說。至於那些女孩子之中的某些人，據說有一個嫁給了「賣油的兒子」，外號叫什麼「眼鏡仔」之類的。阿宗竟然還可以用老一輩的土話名詞描述一個個人物特徵，惹得我哈哈大笑。但我們還是談起了阿文。

「不知道現在在那裡？」我說。散步之前，其實我們有經過阿文的家，我們站在以前叫他的地方，向上觀望，但見那古老的二層洋房老舊得像是日本時代的遺物，大門又深鎖，我們甚至懷疑有沒有人住。便走過去了。似乎我們都沒有意思去再試一次。

「想不到，我們之中，竟然出現一個『空竹丸仔』。」他說。那名字是我們小時候家鄉一個瘋子的外號。他是「文瘋」，根本不會傷害人，但從小父母就勸我們讀書要小心，不要太過份用功，最後竟變成這樣。據說，這「空竹丸仔」在日本時代就是非常優秀的孩子，會讀書，不料在光復後，不知爲了什麼原因，竟發瘋了。許多家鄉的人都傳說，他是因爲讀書而發瘋的。媽媽在我很小的時候，曾以同情的眼神望著他說：「人的讀書要讀有用的，不要讀一些無用的東西，否則會變成像他這樣，想太多，又想不通，心裡就過不去，最後，心頭會瘀著一塊血，人就會發瘋了。」而阿文確實變成故鄉的新的「空竹丸仔」了。他應該是「文瘋」吧，並不打擾別人啊，只是那樣的跟隨自己年輕時代的足跡走著。

我們甚至可以用「空竹丸仔」來想像阿文在家鄉行走的模樣了，那直直的目光，凝望的大眼睛，以及空洞的、沒有表情的面容。

我們爬上堤防，走到堤防的地基上。那兒可以看見整個河面，冬日生長的蘆葦正伸展修長的軀體，在風中搖曳。陽光下，蘆葦花閃動著銀白的光芒。白鷺鷥停駐在水中的沙洲上，偶然振翅，飛過水面，便映出悠美的身影。河水平緩的流，那樣安靜，如同沒有速度的湖，我想起以前竹筏上的掙扎，如果現在重來，我眞的懷疑有沒有勇氣再去把竹筏的繩子放開，讓自己漂流到河流中，而後大聲喊：「啊，中流砥柱！」阿宗笑了起來，說：「如果當初眞的漂流到台灣海峽，最後到了大陸，那今天我們就是黃順興，人大常委了！搞不好是個省長、副省長什麼的。」我們都笑起來。

我們向南行走，卻看見遠方有一個人在做跑步的動作。他先是做暖身體操，準備跑步，但又以有趣的動作在堤防的斜坡上，來回跑動。那個身影看來健康有力。我問阿宗，平時有沒有做運動，人近中年，不能放棄身體的運動，否則會在衰敗中老去。他倒是相當保養自己的身體，每天大體保持運動。但這時，阿宗突然笑起來說：「看，那個人，說不定是ORPHAN呢，身材倒是有點像。」我用心的看去，有點像，但並不太像，因爲那身體是挺直的，比阿文高大些，且動作敏捷不像阿文病態的樣子。「好像比阿文高大，不知道是不是。」我說。

我們突然都沈默下來，彷彿在期待著，却又怕只是一場夢幻，只是一步步向前走去。那一個穿著白襯衫、黑長褲、白布鞋的青年，身材瘦削，但胸膛却比阿文壯一些、高一些。河邊如此寬闊，他背後的蘆葦在風中搖曳，午後的陽光照亮無垠的天空，柔軟得像一床絲被的雲互相交疊纏綿，在粉藍的天空中舒展手臂般的放鬆了。我們看著那青年的身影，愈來愈熟悉。

「是他。竟然眞的是他！好像比較壯了。」阿宗低聲說。

但我們沒有說話，只是安靜的走向前去。他專注的做體操，扭腰，前傾，後仰，旋轉腦袋，原地跳動小跑步，而後衝向斜坡上，退下來，再轉動腰部。

「ORPHAN。」走近的時候，阿宗有如怕驚嚇到他，只是以小心翼翼的、平和的聲音說。我們在心裡都怕他已不認得朋友了。

他轉頭看到我們，孩子氣的眼睛瞇著，好像在記憶庫中搜尋似的，呆了片刻，笑了起來。「你們怎麼會來這裡？」依舊是那樣的童音，平常到彷彿我們本來就應該見到一樣，害羞的用手抓著頭，呵呵的笑。

「出來走走。」阿宗說，聲音客氣起來了，好像是多年不見的朋友，在路邊見到似的，但又有一種自然自在。「過年回來看看，就出來走走。放假嘛。」

「你來跑步嗎？」我也變得怪怪的，不知說什麼好：「身體看來很好哦！都在跑步吧！」

那一陣子，我也常常在台北的社區裡跑步，便這樣問道。

「常常在跑步。身體總是要練好一點。前一陣子，我還去高雄參加路跑。一次五公里。」他說。「這樣可以鍛鍊耐力。」這麼理性的回答，而且相當清楚自己在做什麼，目的在那裡，精神應該比以前好多了。我想著。

「啊，去高雄路跑！很厲害嘛，一次可以五公里。」阿宗感歎的說：「難怪你身體看來這麼好。」這樣說讓阿文高興起來，便說道：「其實跑步有時候也很無聊。找一點事來做，參加路跑，精神會好一點。」聽到阿文的說法，我和阿宗對望一眼，像是確認阿文已日漸恢復正常了，精神頓時放鬆不少。

「高雄路跑是誰舉辦的？有沒有和馬英九啦，吳伯雄啊等人一起跑？你有沒有發揮我們的精神，拿到冠軍、亞軍什麼的？」好像覺得不必再緊張的試探了，阿宗開始調皮的說。

「有啊！當然要發揮精神。」阿文興奮的說：「那一天，我路跑的時候，有一萬多人參加，我還一直保持在前面，算是成績優秀的人了。如果前一天，我體力好一點，成績一定會是前十名。可惜沒睡好，睡在一個學校教室，當天早晨又沒有吃飯，體力不繼，最後落後下來。但我還是跑完全程。到最後，旁邊的觀眾都知道了，這是運動精神的最高表現，一直給我加油呢！那時如果有什麼蔗糖飲料就好了，蔗糖飲料最容易補充體力。」

「下次精神要養好一點，吃飽一點，體力維持巔峰狀態，就可以拿第一名，冠軍了。」阿宗又調皮的逗他。

「其實，跑步也不能吃太飽，否則會胃痛，體力也沒有幫助。反而是一種傷害。我是因爲前一天走路到高雄，又沒有睡好，才會這樣。否則以我現在的體能，沒有拿前十名，至少也是前二十名。」

我和阿宗都同時感到驚訝了。「走路」到高雄，這得走幾天呢？何況，依他的說法，睡覺也一定是在路邊或什麼學校的教室走廊，這樣才能省錢。他的身上既然不會有錢去坐車，怎麼會有錢去住旅館呢？除了必要的吃飯，恐怕他都沒有錢去喝什麼飲料了。但他卻這樣去參加路跑！我們又對望一眼，互相了解到，原來阿文並沒有眞正恢復正常，只是比以前好一些。

但阿文似乎沒有注意到我們臉色的改變，只是自顧自的說下去：「其實體能也是要訓練的。我以前訓練不夠，現在才以各種方法來鍛鍊，年紀和體能都不如年輕人，但體能不是靠年輕的，主要是靠技巧和訓練。像奧運會長跑的金牌得主，就是三十幾歲的人，還不是照常拿金牌。那是每天訓練出來的。我只要每天訓練，到了四十歲，就可以拿奧運金牌了。還有五年，五年應該夠了。」他自信的點點頭。

這樣的說法又令人驚訝其一心投注運動的程度，同時，更驚訝他對自己未來生命的期許竟在奧運上，這已遠遠超出人的體能的可能性了。我只得問道：「你自己有沒有去買長跑訓練的書來看？有時候，長跑需要一段訓練的過程，才不會造成體育傷害，你要注意一下。」

「有啦，平時我都很注意報紙，尤其是體育版的消息。像高雄路跑就是從報紙上知道的，否則他們在高雄，我怎麼會知道呢？」阿文說。「不過長跑主要靠每天的訓練，不是一天兩天可以有成果的。我也是不斷在訓練。有時候靠跑步，有時候就靠走路。像高雄路跑結束後，我就從高雄走回來。這樣也走了好幾天。」

「走了幾天？」我問道。心裡却想，這樣走，難道是因爲沒錢？想到他家人的不諒解，沒有人照顧，又沒有看醫生，只能自己像生物求生一樣的，去治療自己的疾病，用長跑、運動這最原始的方法，却沒有藥物，也沒有人協助，更沒有經濟支持，心中便難過起來。

「不記得了。其實也沒什麼，只是在過西螺大橋的時候，很恐怖。車輛一直來來去去，聲音那麼大，嚇死人了。不過只要你鎮定，走好，也不會有事的。」他說：「這樣可以訓練體力和耐力。」口吻相當清晰。

「現在還住在家裡吧？」我打算離開這個話題。

「住在家裡。不過他們都不理我，平常也沒什麼事。在家裡不用花錢，也沒有其它費用。只是過年時，買一件新衣。像現在這件襯衫，就是過年才買的。新年嘛！」他拉著衣服，害羞的笑了。

我無言的望著阿宗，他也想不出什麼話題，隨後笑著說：「這樣也好，你先訓練好長跑，等到以後成名了，再回來教家鄉的孩子。想想看，找幾個年輕人，像我們以前那樣的人，好好訓練，讓他們功成名就，也很好。」

阿文興奮起來，急促的道：「眞的，眞的，我怎麼沒有想到。這樣可以訓練少年仔，我們也算是回饋地方。」他這麼一說，我們都後悔起來，怕他眞的到小學或中學去，找什麼學生要訓練別人，會不會又碰到什麼麻煩，生出事端，但也無法收回了。

隨後阿文以異常豐富的長跑知識，包括一些外國長跑選手的出身、年紀、訓練、表現等，對我們說了很久，但未曾注意我們的興趣不是太大。直到我們覺得不耐煩了，主動要離開，他還依依不捨的說：「下次再一起跑步。」而後回到堤防上，繼續其跑步的準備。在長堤的斜坡上，他來回反覆的衝上跑下，做著暖身運動，再度專注投入到自己的孤寂世界裡。

我們沈默著離開，却不免再三回頭，彷彿少了什麼似的。阿宗說：「無論怎麼樣，長跑總是找到一個精神寄託。這樣總算可以自我治療，否則，他的家人怕無法治療他吧！」

「至少，總算不是那個只記住少年時代的人，有改變總是好一點。」我說。我們彷彿因此而輕鬆起來，就像沒有了責任似的，覺得一切都是他的遺傳，他的命運，而他也能自我治療了。我回頭看去，只見他瘦小的白襯衫，在遼闊的河面與天空的背景下，如此渺小，卻奮力跑步，突然想起了唐吉訶德和風車，便笑著對阿宗說：「你還記得那一首歌嗎？TO DREAM THE IMPOSSIBLE DREAM。」阿宗說：「你是說ORPHAN去跟風車打仗嗎？」

「是啊，四十幾歲的奧運長跑選手，也是破世界記錄了。」我們都笑了。但我們還是匆匆離開，有如逃避什麼、害怕什麼似的。遠處白鷺鷥在空中飛翔，悠美的滑向蘆葦的深處。

那一天下午，我們迥異往常，沒有呼朋喚友，只是兩人對坐，從三點多就開始喝酒，起初是說著以前的笑話，回憶當年「肉慾」等名詞，以及那時諾貝爾文學獎的偉大夢想。後來我想起當時第一次喝酒的事，便對阿宗說：「那倒是一場成年禮，第一次聽到這樣的愛情故事。」

「當時她姐姐不是要我不要再去找阿華嗎？害我傷心了很久。前不久，她姐姐還到我們那兒受訓，現在是一個中學的教師。」阿宗說：「她看到我也嚇一跳，沒想到我竟是那裡的教務長。我也不知道要說什麼了，只是淡淡的招呼。世事難料。搞不好他爸爸早知道今天，就不會那樣反對我們交往了。」阿宗感歎著，却突然想起幾個月前，他帶孩子回家鄉小學散步的情景。

那是黃昏，阿宗帶著妻子和小孩在小學操場玩，竟碰見了阿華的父親。「他已白髮蒼蒼，自校長退休了。現在是一個社區的主任委員還是什麼的，見到我，問我在那裡工作。我說是教育廳的教師訓練工作。他嚇一跳，竟高興的直說：我就知道你一定會有出息的，那時候我就知道了。」阿宗感歎起來：「那時候，唉，早知道也不會是今天這樣。可是當時他是什麼態度啊？」

我恍然想到十七歲的阿宗，在酒後自卑的痛哭，那哽咽的聲音，便笑起來說：「世事難料，當年的你自卑是因爲要追一個校長的女兒，現在反而在一個訓練教師、校長的機構工作，社會位置倒過來了。眞是，他媽的，有趣呀。」

「哈哈哈哈，竟有這樣的一天！」阿宗也大笑起來。而時光已流逝二十年了。當年的自己正是要叛逆這樣的社會價值，如今反而陷入在這價值中，成了另一個更高的位置，至於當年的價值，反而什麼都不存在了。我們相視大笑。「怎麼樣？我沒有漏氣吧？」阿宗說：「當年自卑的少年也會長大，變成反過來訓練他們了。」我們舉杯就乾，有如當年的模樣。

黃昏時，阿宗不願結束，還要去外面喝，唱卡拉ＯＫ。直到大約兩三個小時以後，我才在阿宗的呼喚聲中，自卡拉ＯＫ的沙發中醒來，不知自己唱了多少歌曲，也不知睡了多久。阿宗却還在那兒哈哈大笑，他的妻子回娘家，今夜沒人管，他把我叫醒後說：「走走，去吃晚飯，喝點啤酒，漱漱口。」

然而我們太醉了，我一點食慾都沒有。阿宗也不知所云。我說回家吧，但他堅持要去夜市吃飯，我沒有辦法，只得陪他。然而他確實太醉了，竟找不到自己的車子停放在那裡，走了一圈，還是沒找到。他也不著急，兀自走到一家商店，又買了幾瓶啤酒、一包香菸，坐在路邊喝了起來。我陪著，忍不住笑了，說：「這樣，我們都變成都市遊民了。哈哈！平日在社會都還是有點模樣的人，怎麼會這樣？」

「就算是他們看到，也一定會以爲自己認錯了。你看，我們坐在垃圾堆的旁邊呢！哈哈哈……。這就是社會位置。倒錯過來，別人還不相信自己的眼睛。哈哈哈……。這就是社會！哈哈哈……。」因爲過年而沒有清理的垃圾，在市區街道不遠處，幾隻狗在那兒找食物。

阿宗竟突然像發瘋似的，開始大笑不止，一發不可收拾。那宏亮的聲音，在春節的冷清的鬧區顯得異常響亮。雖然這是過年，我們所在的鬧區行人不多，不遠處的百貨公司傳來提早關店的鐵捲門聲響，四下漸漸沉寂，路過的人聽見阿宗的大笑聲，不禁側目觀看。而阿宗像沒有看見一樣，根本不管別人，也不知身在何方，只是一直不停的大笑下去。起先，我還笑得出來，但後來我也累了，便停止了。停止後，我才發現，他已無法停止，有如發瘋，而安靜的自己更發現，路過的人都像看見瘋子一樣，繞道而行。且他的聲音實在太大，竟在附近大樓的中間迴盪，我說道：「阿宗，你停一停，休息一下。」

「哈哈，有趣。來，喝啤酒！」喝了一口，他冷眼環顧四周，有如鄙視般看這世界，還是又大笑了起來。那聲音起初是開心，有如嘲笑這世界的荒謬，但最後，竟沙啞了，愈來愈像是由喉嚨深處發出的低沈狂笑，發瘋般的狂笑。不知道為什麼，這聲音竟像是狼嚎的哭聲，而不是笑聲了。在過年冷清的街道中，這孤獨的笑聲，這狼嚎般的聲音，已延續將近半小時了。

我悲哀起來，說：「拜託，你不要再笑了。」但他依然不停，反而像好玩似的，更用力笑起來。

「幹，你不要再笑了，好不好？」我說。然而他的聲音愈來愈大，甚至從地上站起來，仰首向天，身體醉醺醺的前後搖晃著，哈哈哈哈……。

流浪到台北

阿文的影子站在街頭轉角處，一盞「燈火闌珊」的路燈下等我。我把車子放慢速度，終於看清他的面孔，確定無誤。心中湧起一陣辛酸，「二十年了！」我無聲的對自己說。從十六歲騎著腳踏車，到他位在街頭轉角附近的故鄉的家找「做餅的兒子」，在樓下呼喚他的名字，到現在。而即使是那一次和他在堤防相遇迄今，也已過了兩年多了。這兩年裡，我不知道他的去向，就算回到家鄉，我也未去找過他。彷彿只要心中對自己說：「反正他也不在，不知又流浪到那裡去路跑了。」便可以安心了。但有時又會隱隱覺著不安，彷彿這個人在世上會永遠消失，而我永遠也找不到了。沒有消息的兩年，生死不明的兩年。連母親都說有一段時間沒有在家鄉看到他了。直到現在，他主動來電，才又出現在眼前。而他卻仍以最初的方式，就像在家鄉，直接到我家的樓下，呼喚我的名字，我就會出現一樣，他到我以前住的地方去找我。

「喂，ORPHAN。」我下車高喊，他轉頭張望。「這裡。」我喊道。他轉身，走到我身邊，笑得很開心，「啊，你什麼時候搬家，我都不知道。他們還說已搬走了。幸好你媽媽告訴我。」

「走吧，我請你去吃東西。我現在有賺了一些錢了。」他說。「什麼話，台北是我的地盤，我來請。你只要乖乖吃就好了。」我說。

現在，他穿著一件黑色的運動夾克，有一些小破洞和水漬的痕跡，深灰色的長褲也有些老舊，沾著灰塵。身體似乎有一些日子沒洗了吧，有一股霉味。臉色比以前灰黑，彷彿一天奔波沒有洗臉的樣子，有些像我在台北見到的流浪漢的味道，但精神看來還好，皮膚黝黑了一點。

「嗯，看起來氣色不錯嘛，怎麼會到台北來啊？」我問道。

「上來讀書，工作啊。在台北比較有書可以讀，工作也比較容易找。我最近打工賺了不少錢。我想請你去吃東西。」他說，使用的還是以前的語言「吃東西」。口氣相當興奮。

「這個不要緊。沒有你的事，反正是我來決定。你在台北做什麼工作？」因爲已打定主意，無論他精神怎麼樣，要帶他回家睡覺，不能讓他在外面遊蕩。我用一種直接的態度說話。

「來台北打工，賺點錢，你們台北比較好賺錢。」他說。但精神有些恍惚，沒有回答我的問題。

「在做什麼工作呢？」

「在一家發海報的公司，很輕鬆的，到處走走，把海報丟一丟，放在人家門口的信箱，白天只要一上午就結束了。很簡單的。」他說。海報我也發過。那是在大學時，同學一起去打工，禮拜六或日的工作，性質簡單，薪水的給付也直接，只要做完了，當天下午就結帳，按發出海報的數量定價格，都不外乎房地產、家電、車輛等的海報。

「在什麼地方？他們給錢很快吧？」我問道，因我怕有人欺負他精神不好，發了海報却不給錢。

「很快啊，早上發，晚上就結帳。很好賺的，一天只要用一個早上，發一疊海報，就有八百塊錢。很簡單，像一些地方，大樓裡信箱一放，就幾十張去了。我現在都是這樣，早上去發海報，下午找一個地方，台北有一些公園，下午就在那裡睡個午覺，晚上再到處走走。很快樂啊。」他說。

「那你住在那裡？」因為他說的在公園睡午覺，使我想到他到底有沒有地方住，還有，這樣的收入在台北能生活嗎？

「在台北火車站附近。」他想了一下說。

「哦。」我想起那裡有一些拼湊如鴿子籠似的高樓大廈，專門租給補習學生用的房子，但又擔心他住的是火車站的長椅子，根本就是在流浪，便繼續問：「那裡有一些補習班，還有房子吧？」

「是啊，我就住在那裡。」

「房間貴不貴？你這樣生活費夠嗎？」我想著台北的房價和物價。

「不會啦。」他說：「我就住在K書中心，一個月才幾千塊。」

「那地方能睡嗎？不是整天都亮著，晚上也只能坐著睡？」

「是啊，但是很便宜。」他說著，在身上摸索出一張單據，說：「這就是K書中心的。一個月交一次，才幾千元。」

「爲什麼不去租房子來住呢？師大或者台大附近，有一些給學生住的房子，不是很貴的。」

「有啊，我去租過，在師大分部那裡，本來房東都講好了，後來他又說不租了，不知道爲什麼，台北人眞的很奇怪。」他說。但我卻覺得那房東可能是因爲他的精神有些異樣，便反悔了。

我帶他到一個吃海鮮的夜市，叫了一些菜，和一瓶參茸酒，他卻精神振奮，非要自己點菜不可。老闆一直注意他的樣子，似乎對他身上的衣著和味道覺得奇怪，我乾脆的說：「今天是我請客，你就照我的意思來吧！」他才安靜下來。

隨後的時間裡，我才從斷斷續續的談話中，拼湊出阿文在台北流浪的基本構圖。阿文果眞成了台北的半個流浪漢。他一大早就去送海報，在廈門街附近，拿到海報後，再到內湖、士林一帶去分發。早上送完海報後，吃午飯，找一個公園，睡一覺。醒來便到處走走看看。本來不熟的台北便漸漸走出熟悉來，再也不怕迷路了。晚上，他就回到K書中心，或者看看書，或者趴在桌上睡覺。沒有地方可以躺下的K書中心，其實更像是早期阿宗在補習班準備考大學的模樣，那時大家都流行晚上不睡覺，徹夜讀書。現在阿文却在這裡找到落腳的地方。

流浪漢的另一個難題是衣服要如何洗，放在什麼地方。這些阿文有他的辦法，他在台北火車站租了一個儲存的箱子，有需要換洗的時候就去拿出來，換上乾淨的衣服，其餘的再放回去。而換下的衣服就在附近找一家洗衣店，論斤洗。然而，他的身上爲什麼會有異味呢？怎麼洗澡？這些也還是有辦法。K書中心有一個洗澡的地方，專供爲了聯考升學而不回家的孩子洗澡，一次五十元，可以買月票。「你看就是這個樣子。」阿文說。好像要讓我放心似的，還特別拿一張卡出來看。

我確實慶幸著他已日漸恢復正常，至少可以照顧自己了，便起身打電話，一邊是向妻子說明阿文沒有問題，請家裡另一個房間準備一下，阿文可能要來睡覺。同時還打另一個電話，找一個朋友一起來聊天，但他不在。不料，我回到座位上時，桌上已放著兩鍋新叫的火鍋，連同原來的，我們一共有三個火鍋，擺滿桌子，一齊冒著熱騰騰的蒸氣。面對桌上火鍋，阿文高興的說：「來來，喝一點湯，湯對身體很好，可以立刻補充體力，你太勞累，需要補一補。今天我是代表故鄉的溫暖，特地來照顧你的。這雞湯裡面有蛋白質、脂肪、鈣、鐵、各種元素，都是人體需要的。你要多吃。」

我把老闆叫過來，說：「你怎麼搞的，我們才兩個人，弄這麼多湯，我們怎麼吃？亂來嘛！」老闆正要辯解，阿文說：「不要緊，這是我叫的。」我有些不高興的對老闆說：「這麼多湯，不是水牛嗎？」老闆也笑起來，把我拉到一旁說道：「沒辦法，是他一直要叫的。我也只能照他的意思。」我看看阿文，他抬頭道：「有什麼問題？」我搖搖頭，不知如何是好，只能笑著說：「這樣多的湯！阿文，你要我今天晚上尿床嗎？」他竟緊張的說：「不會啦，這個湯是補充體力的。等一下我們去跑一跑步，流一身汗，就不會尿床了。」

但他隨後想起來，笑道：「媽的，你這麼大了，還會尿床嗎？騙人！」

我毫無辦法了。我開始胡說八道，講台北的壞話，希望他能夠覺悟，早早回到家鄉，否則，我實在擔心這樣的精神狀態如何在這個人吃人的社會生存。但我說了半天，他突然正經的說：「你哪會這樣？你不應該這樣啊。要記得繼續看書，才不會墮落。我們不能墮落啊！要記住以前的理想啊！」這還是用我們以前的語氣說話，用台語說的。我無言以對了。

「你現在還準備研究所考試嗎？」我問。

「有啊。在K書中心別人問我，為什麼來這裡，我說為了考研究所。我是眞的，現在我還常常去中央研究院，看看有沒有新的資料。那裡有一些新的雜誌，偶爾去翻翻。以前我們不是說要當文學、科學的諾貝爾獎得主嗎？你看，現在李遠哲回來了，我們會有希望的。」

「恐怕只剩下你在堅持了。」我有些傷感的說。

喝完酒後，我實在不知道要去那裡，便提議道：「我們去國父紀念館跑步。」他沒有猶豫就同意了。

午夜十二點半的國父紀念館，只有一些情侶躲在角落裡擁抱，廣場和步道上空無一人。冬日的深夜如此安靜，和以前高中同學一起來的時候，那時愛國的狂熱和激情，以及少年的氣氛當然不同。星光如此微弱，有如往日記憶已在黑夜中消逝。我看著正發呆的阿文，說：「來吧，開始跑步。」

但眞正跑一圈後，我還在上氣不接下氣，他却輕鬆的跑到我旁邊，邊跑還邊指點各種跑步訣竅。聽到他的呼吸，那樣沈穩而不會喘氣，我終於相信他眞的參加過幾公里的各種路跑長跑了。

十二點多，我實在想不出什麼地方可以去，便準備帶他回家睡覺。但回到我家，他的精神又來了，和我的妻子、妹妹開始談起以前種種，包括國中數學成績、女孩對他數學的崇拜、以及他喜歡的女子如何美麗。我深恐他不知輕重，說出我過去單戀的歷史，趕緊道：「這樣吧，你洗個澡，我幫你拿衣服。你的衣服就換下來，等洗好再換回來。好不好？」

但他堅持回去再洗，爲了證明，又拿出那洗澡月票，給妻子看。她無奈的望著我，却聽到阿文說：「你要多照顧他，他是一個糊塗的人。你看，剛剛我已經跟他說過，我有洗澡的月票，他還一直要我去洗澡。」

我故作生氣的樣子，笑道：「媽的，我是要你在這裡睡覺，不要回去了。你一個人在台北，我不照顧你，算是故鄉的兄弟嗎？你反正不准走。」然後拿出衣服說：「這是你的啦！不准還給我，不然台北你就不能混下去了。」他有些茫然的望著我，好像不明白我的意思。我突然想到，所謂「混」這個字，是來台北以後的用語，在他的意識中恐怕是未曾存在過的吧，便改口道：「總之，你在這裡睡，不要多說了。不然我怎麼回故鄉見阿宗？怎麼對故鄉交代？」

「啊，我們打電話叫他來這裡吧！」他說。

這一提醒，我們都高興起來，阿宗也很久沒有見到阿文了。

「喂，阿宗嗎？」我在電話中說：「等一下，這裡有一個老朋友哩，等著和你講電話。」

「喂，阿宗，你來吧，我們很久沒有作伙了，我們去喝酒，還去國父紀念館跑步，你不在，實在太可惜了。」阿文說：「我們又恢復以前的氣勢了。你已經沒有氣勢了。朋友要常常相聚，才能保持氣勢啊！你再這樣，不行啦！」

兩個人在電話裡談了不久，便又回到我這裡。阿宗笑著說：「你可辛苦了。還眞的跑步！」

「媽的，你這樣說話。你有膽現在就來。」我笑說。

「想不到他現在是『流浪到台北』了。台北只有靠你了。他眞是有辦法，自己這樣生活啊！」他笑著說：「怎麼樣，他還正常嗎？」

「還可以，只是今天晚上，去吃東西的時候，他爲了照顧我，竟叫了三個火鍋，喝了不少湯。」我說。阿宗調皮的笑了起來。而阿文像以前一樣，在一旁打岔道：「我請你吧，氣勢一點，現在就來。我等你。」

阿宗在電話中傳出無奈的笑聲，說：「改天回來再詳談吧。」我看了一下手錶，時間已是凌晨兩點了。

阿文堅決要回去睡覺，我毫無辦法，只能拿著衣服說：「冬天來了，你要照顧自己。改天一定過來吃飯，知道嗎？」他却在離去時從身上拿出二千台幣，說：「這是今天吃東西的錢，我說好要請你的。」說完便往我身上塞。我生氣的說：「伊娘的，自己的兄弟，這樣『烏魯塞』。你根本不會賺錢，何況在我的地盤上，這樣我還有什麼面子？」但回頭一想，他可能不知道什麼是「面子」，便改口道：「你這樣，我怎麼對故鄉交代？你這樣，我怎麼對故鄉交代？你這樣還叫ORPHAN嗎？」硬生生把錢放回他的口袋。

他終於無言的接受了，但又抓著頭皮說：「怎麼可以這樣？原本我都打算好的。」我實在很難想像他的腦筋這樣直通通的，根本沒有轉彎的餘地，便道：「你在台北生活不易，要照顧自己比較重要。我過得很好，你不要擔心。」

送他到路口，我想一想要幫他叫一輛計程車，但他拒絕了，只是回頭說：「我改天再來，我要讓你過一個溫暖的冬天，送你一打參茸酒，讓你整個冬天都充滿氣勢。」他充滿氣勢的說。

他的背影，像影子一般消失在午夜的陌生異鄉的街頭。是的，我開始感到這是「異鄉人」所居住的城市。

失落的小恐龍

又過一年多以後，春天的黃昏，我帶著妻子、女兒和兒子在故鄉的火車站月台上散步，等待火車的到來。兒子喜歡看火車是很小的時候，我曾帶他來過，後來他就常常吵著說：「阿車。」這便是要去看火車的意思。剛剛滿兩歲的兒子，像一隻小動物，在月台上指著各種東西說：「爸爸，你看！」有時是一隻小鳥停在電線桿上，有時是地上的石頭，有時是停在旁邊整修的車廂。女兒逗他，跟著指東指西，他生氣了，說：「不要啦。姊姊不要啦！」

火車經過時，他便安靜下來，看著巨大的快車，帶來風和聲音。我們安靜的看著，他在列車經過身邊時，抬起小手，拚命招手，說著「再見，再見」。過站列車裡的人，有些也會和他招手。兒子很高興，笑得咕咕作響，繼續說：「爸爸，你看。」他的意思是，列車上居然也有人向他招手。

我記得女兒小的時候，曾和她在這裡玩，猜火車來的方向。我們坐在月台上，等下一班火車到達，然後猜火車由那一邊來。這時女兒無聊，東看看，西望望，便和我開始猜。兒子還小，不知道有沒有方向感，但我還是說：「弟弟，你說，火車會從這邊來，還是從那邊來？」兒子看著我，沒有反應，過後，他指著太陽下山的方向，說：「那邊。」

我心想，難道這小子懂得我的意思。便等著。果然火車是由那方向來。我對他說：「弟弟猜對了。」他卻沒有反應。女兒也說：「弟弟猜對了。」他雙眼茫然，只是傻笑。妻子笑著說：「你們以前就是在這裡鬼混？」我笑了起來，說：「是啊，在這裡抽菸看火車。」女兒笑著問：「爸爸在這裡長大的？」

我看著她的已開始發育的身體，想起有一日，我早些下班，正在家裡附近找停車位，不料女兒正好下課回家，便安靜的看著她。她手挽一個比她小半個頭的女同學，似乎細聲說話。不料一個看來比她更小半個頭的男生，突然走近她旁邊，像調皮的孩子一樣，對她喊道：「波霸！哈哈，波霸！」她斜眼白了那小男生，不理會的往前走。儼然是一個大女生了。我想起以前小時候，常常帶她來這裡，抱著她猜火車的方向，突然傷感起來。「要多多注意她，她大了，我是爸爸，有些事情不方便跟她說。」我注視她走在火車軌道上的身影，那少女的模樣，低聲向妻子說。

「青春期太早來也不好，那麼小，連什麼是青春都不知道。」妻子說。「有時像個孩子，有時像個小大人。唉！」

不久，兒子突然想起什麼似的，在地上不斷看。我說：「弟弟，你看什麼？」他繼續找。我怕他走下月台，便跟他到我們以前常常坐著抽菸、吶喊著「流浪」的月台斜坡上。他好像在找什麼東西，最後才回頭，指著月台說：「小恐龍。」

大家都笑得不知如何是好。「昏倒！」女兒說。

那是春節期間發生的事。那年過年，我照例回家鄉過春節。大年初二夜晚，一些娶了中部女子爲妻的朋友在帶老婆回娘家後，都覺得不甚有趣，互相聯絡好，次日要來我家裡相聚。大家雖然沒有約定要坐火車，但居然不約而同的坐火車來。先來的朋友就一起到火車站去等。兒子喜歡看火車，便一直跟著我，但太累了，在冬風中居然睡著了。而拿在手上的玩具小恐龍也因此掉在地上，但我沒發覺，後來回來找已找不到了。

那時，我和阿宗還站在這裡，向他說：「那時阿文還批判我說：你墮落了。不知道現在他在那裡？是不是還在河邊跑步？你知道嗎？他後來眞的拿了一打參茸酒到我家來，害我老婆笑翻了，說家裡擺這麼多的酒，跟個雜貨店一樣。我還跟她說是酒店哩，只要統統標上朋友的名字就是了。」大家都笑了。但我自己反而感傷起來。

那一夜見面之後，又過兩天，阿文來了。當時我不在，因隔兩天就要出國出差，還有一點事情要忙。回到家時，阿文已等了三個鐘頭了。妻子說，他在七點半就來了，自己帶著小菜，只是我不在，他們都不知如何說話。他還和女兒談數學怎麼讀，他曾在補習班教數學等。阿文看到我，便高興的說：「今天去附近發海報，後來沒事，想早一點來找你，想不到樓下的警衛不讓我進來。說按了電鈴，你們不在。我只好等到你太太回來，才進來了。」我想了想，不知如何解釋這種社區警衛，只好說：「沒辦法，台北的這種社區，跟我們家鄉不一樣。以前那有什麼大門，只要在樓下大叫就可以。」

「是啊，以前都在你家樓下後面，往二樓你住的房間叫就可以了。那時候怕你爸媽發現，你都偷溜，爬牆出來。」他說。我想起那些爬牆溜出去喝老酒的日子。啊，已經遺忘很久了。

他很高興的談起以前在國中時代的成績，同班同學中誰的成績和他有拚，誰的成績是只有一次好，贏了他，其它都被他遠遠拋在後面。這些我早已遺忘的名字，這些小學時代相處的朋友，竟都浮現到眼前來。我注視著他的眼睛，看見一個少年時代的澄澈的記憶，還那樣鮮明的映著，如同一個湖，閃現出難以言說的明亮色澤。即使他的面容已因年歲、風霜、灰塵而呈現中年的神色，但那少年的情懷，却維持在澄澈如湖的眼睛裡，未曾改變。是不是因精神的問題呢？他的記憶竟維持到許多應該遺忘的細節都還清清楚楚，有如電腦。我恍惚覺得，他應該比我更能記憶以往吧，但這記憶是不是造成他精神問題的根源呢？他是不是將自己的成長阻絕，只留下記憶呢？

他很快就不安起來，十二點左右就想說明天有海報要發，得走了。我問他如何回去，他說：「很快，上次我走回去，才五十分鐘。」這時，我才想起他可能爲了省錢，便起身要開車帶他。他又推託半天，最後他只得同意。

車子走到一半，他突然說要我停一下，他肚子餓，要去買東西吃。我覺得非常奇怪，因爲剛剛才吃過東西，肚子還正飽著。不料，他回來時，手上却抱著一大包東西，不像是食物。他得意的說：「你看，這是一打參茸酒，我想，你這樣一定可以過一個溫暖的冬天。補補身體，就不怕冷。」剎那間，我突然怔住了。這個還需要別人照顧的人，竟然反過來，細心到想照顧我的生活。我無言的，久久的凝視著他的面容，單純如以往的一雙眼睛……。

即使是午夜，南陽街依然燈火通明。一些補習班的樓下、K書中心，還有青年學生在那兒，有些是國中重考生，有些是大學重考生。阿文下車時，我回頭望去，他像一個異鄉人那樣，站在青少年的中間，站在徘徊的影子裡，身影瘦小，那明亮的孩子氣的大眼睛還在望著我。我突然心酸了，便下車道：「你住在那裡？我和你上去吧！」

「不要了。我住在這裡樓上，你還是先回去吧！」

「那裡可以睡嗎？」我說。

「可以啦，我都住了兩個月了。」

「眞的不行，記得到我家來，知道嗎？」我說。他點點頭。

我把車子開走，但停在轉角處，看見他的身影果眞進入一家K書中心裡，才放心的離開，因我實在擔心他只是住在公園，却不願讓我知道。然而，他的住處難道是一種記憶的象徵嗎？他還是回到青少年在考聯考的環境裡，這樣或許對他是比較熟悉的吧！然而這個城市，爲什麼只給他留下這樣容身的角落呢？

不知道爲什麼，我很難平靜開車。就在一個街角的商店停下，買了一包香菸。突然之間，想起古老的那首歌——「I AM SAILING」，我輕聲唱著。心中浮現以往的種種場景：呼喊著流浪的少年、樓下呼喚著我的名字的阿文、阿宗的愛情、河邊竹筏的漂流、我們騎腳踏車在故鄉的遊蕩……。這時的朋友大約都已經睡了吧！他們都安定下來了，唯有阿文，似乎還在青少年時代流浪，是的，他還在青春時代，未曾告別。

午夜的街道上，只有車輛來往，我突然想大聲高喊：「流浪啊，流浪啊！」我彷彿看見阿文，正如他的綽號ORPHAN那樣，像個孤兒，站在故鄉的火車站月台，青春的烈火燃燒起來了，北上列車正由黃昏血紅的天色中駛來，起初只是「卡噠卡噠，卡噠卡噠」，而後列車如巨獸，轟轟然，「匡噹匡噹，匡噹匡噹」，向著我們站立的月台衝過來。我看見ORPHAN還在喊著「流浪，去遠方流浪」，青春烈火燃燒起來，他在烈火中站著，不知道要如何走出去。我想到自己，難道自己就已走出去了嗎？那不安的內在，難道不是我逃避ORPHAN的原因嗎？我突然感到被什麼欺騙的恐懼和敵意，又像是失落什麼似的憤怒，但我無法說出失落的是什麼。我終於明白，自己恐懼的，正是那已然遺忘的。那些青春的理想、信念、堅持、詩、諾貝爾、藝術、愛情……。

而阿文卻在風中，指著我說：「不要墮落啊！」

我知道，青春之夢已在這些年的生活折騰中，消磨殆盡，二十年已經過去了！唯一剩下的是老朋友之間，酒後互相取暖的笑語、回憶、傷感、友誼。二十年過去了！啊，竟然已經二十年了！我驚心動魄的看見自己，還站在街頭，抽著菸，有如一個未被毀滅的肉體，還在想反抗，反抗什麼呢？自己也不明白，只是不斷自問：

「難道我們就要這樣被磨滅在時間裡？」

「難道生命只是這樣？」

「難道青春的反抗早已註定失敗？」

「難道一切都已成過去？」

我憤怒起來，怒視著空曠、無人、陌生的街道，想到ORPHAN自己一個人，在對抗這既存的一切——社會、時間、空間、所有的轉變，還要用他的溫暖來照顧我，我搖頭了。我怒視著無人的街，無聲的對ORPHAN和自己說：「不要被毀滅了啊！」

列車慢慢的停靠在月台上，這是一班慢車，有人走下月台，兒子高興的看著，列車上走下來一些故鄉的年輕人，他們談笑著，走出剪票口。兒子看累了，我一不留神，他頭一沉，竟瞬間在我懷裡睡著了。女兒和妻子在遠處沒有火車經過的鐵道上，比賽走軌道的平衡遊戲，女兒早熟的身材已比妻子高出三公分，前不久，妻子突然向我說：「她的初潮今天開始了。」那時自己感到無由言說的歲月的悲哀了。然而，轉眼之間，她就要進入青春期，我突然害怕起來，看著懷裡的孩子，面容是這樣快樂，即使睡著還抿著嘴角微笑，彷佛夢裡還在尋找他的小恐龍。

而我的「小恐龍」已永遠失落了。

我想到青春的烈火，那一首古老的歌：「什麼是青春？狂熱的烈火。什麼是少女？冰雪與沙漠。」心中突然一陣感傷，女兒可能要進入青春的烈火期，而兒子，以後恐怕也要與我們一樣，經過初戀、考試、冒險、慾望、理想和希望、憤怒和悲傷、歡樂與孤獨……。屬於人生的這個過程，沒有人能夠取代，他們只能自己去走了。我不會希望他青春永駐，我只希望他能穿越青春的烈火，走著自己的道路。

「要勇敢啊！無論在什麼地方。」我輕聲對沈睡著的孩子說。遠方傳來列車的聲音，卡噠卡噠，卡噠卡噠……。那樣勇敢，帶著颶風和力量、聲音和人影，向遠方行去，彷彿永遠也不會停止，一切都只是過站列車，包括我自己，只是上下的過客，一切都沒有起點，也沒有終點……。

然而，我知道，這個故鄉的月台是流浪的起點，也是流浪的終點。這裡是青春的故鄉，也是終站的月台。

兩個朋友

在郭明哲的告別式上，我沒有看到李登輝的輓聯。
我不知道是家屬沒有把郭老去世的消息讓李登輝知道，
還是沒有管道把消息轉過去。
如果是前者，或許還有一些道理。
如果是後者，那李登輝會有多孤獨呢？
不知道爲什麼，我感到一陣失落的悲哀和悵惘。
如同看見1947年1月9日大遊行的照片一樣，
那台灣的青春年代，已經被遺忘，
而某一些東西，某一種美好的質地，
某一種屬於舊年代的古老的調子，正在消逝。
那消逝的，像霧中的笛聲，
跟著水上飄去的船，一點一點地遠離。

「人的一生啊，要怎麼個活法，才算眞正活過？」

一九九八年六月初，開車回台中參加一個長輩——郭明哲先生的喪禮時，我不能自已的反覆這樣想。

雨連綿下著，天地灰濛濛，細細的雨絲由台北跟隨到台中。

我先是在超商買了雙人份的炭燒咖啡，泡成一杯份量，濃得如墨，強得像馬奎斯小說描述的「Strong Enough to Wake the Dead」，讓自己由熬夜的睡眠不足中醒來。喝下兩口之後，我把咖啡放在座位邊，再點燃一根香菸。一對早起運動的夫婦由身邊走過，灰白的頭髮和連身運動衣，互相扶持的身影，在晨光中漸漸清晰起來。好久未曾看到早晨的台北了。

「上路吧！」我對自己說。

早晨的高速公路沒有多少車流。台北的繁華市招，隨著南下的風景，轉爲稀疏，過了桃園之後，平野的景象慢慢開朗起來。天空由深灰，轉爲淺灰。

黎明要來臨了。

我想起安哲霍甫洛夫的電影《尤里西斯的生命之旅》中的音樂。安靜悠渺而緩慢的節奏，孤獨漂泊的旅程。生命的旅程如一個個安靜的長鏡頭，緩緩消逝在霧中。

郭老的面貌，我們見面談話的模樣，向下抿著的唇角，他溫柔而堅毅的語氣，沙啞的聲音，竟像是電影中流逝的風景，慢慢的，慢慢的，要消失在霧中？

告別，只能是這樣嗎？

灰濛濛的天空中，沒有任何顏色。

□

「現在你安靜如一面鏡子

照見著歷史，也讓我們看見自己

未曾消逝的是追尋的心

在日落盡頭，仍顯現理想的原型」

這是我寫給郭明哲老先生的輓聯。而昨夜寫就的致郭老的弔詞，就放在左胸前的襯衫口袋裡，短短的幾百字，無非是希望代表我們三、四十歲的一代人，向他表達一份告別的心情，一種致敬的意念，一個最後的凝視。然而，似乎還有一種無法說清楚的心念，在心底盤旋。

那就像是走入濃霧中。你分明知道，前方有人，那些影子模糊出現，你追蹤前去，想追尋那個影像。可就是失落了方向。你出聲呼喚，他彷彿還有回音，可霧太濃了，水氣隔斷聲音的方向，你失落在追尋裡……。於是你在心底將永遠惦記著，一個可能追尋到、觸摸到，卻已經失去了的影像……。

我的認識郭老，大約在一九八四、八五年之間吧。

詩人林華洲住在台中縣海邊的大安鄉，他是和小說家陳映眞同一個案件的政治犯。那時我們正在編《春風詩刊》，是要談稿件的編輯，還是爲了新春的聚會，或者只是想抱著初生不久的孩子到鄉下走一走，看看春節的風景，現在已經難以分辨了。但有那麼幾年的春節，不是年初一，就是初三，我們總會在大安鄉見面，彷彿變成了慣例。郭老是華洲的舅舅，初見面就是在那時候。

華洲老家是三合院式的房子，臨近海邊農村的生活習慣，使他的母親在客人來的時候，就在廚房裡忙進忙出。我們客氣的推辭著，道謝著，郭老總是說：「我們這裡的習慣，新春來了，總是要吃東西，這才是待客之道。」他的語氣溫柔，面容像一個樸實的農民，但眼睛炯炯有神；受過日本教育，或者牢獄之災而形成向下緊抿的嘴角，卻自有一種威嚴。

他用一種安靜的眼神，看著我們年輕人說東道西，用高昂的語調罵國民黨的戒嚴政權，抱怨詩刊被查禁，卻又因爲查禁而有一種玩對抗遊戲的興奮和期待，一邊又籌畫新的詩刊內容。他總是帶著微笑，好像父親在看一群興奮的孩子，彷彿很了解的眼神，卻不說什麼。談話中，才知道他是關了十幾年的政治犯，但他並不多談這一方面的事，反而會說起年輕時代讀過的艾青的詩，像「北方」、「母親」，以及魯迅的小說。或許受魯迅影響吧，他也喜歡木刻版畫。我們雖然聽著，卻似乎未太在意。

不旋踵，他消失片刻後歸來，手上拿著一本泛黃的三十年代的木刻版畫集。大家同時驚嘆起來：「啊！這麼好的東西！」這是他一九四五到四九年間，兩岸還開放的時候收集的。被逮捕入獄的幾年牢獄之災，竟未被沒收，完整的保留了下來。我們於是拿來影印，作爲詩刊的插圖，成了幾本被查禁詩刊的特色。

那時我們已隱隱約約知道他和當時的省主席李登輝是同學，或者可能曾是在一起的「同志」，有相當深的交情，但他並不主動說，被問起時，也含含糊糊的帶過，我們也未曾追究的放過了。

幾年後，李登輝成了副總統，郭老在人前人後，更不願多提往事。一九八九年四月，在北京採訪人大會時，李登輝已在蔣經國去逝後，接任總統。在各界懷疑其身份背景，政治情況又相當不穩定的環境下，《自立晚報》記者徐璐採訪了在大陸的台籍人士，時任中共人大代表的吳克泰，他透露出李登輝早年參加過共產黨的歷史。但《自立晚報》的報導主要強調「李登輝參加過台共」，卻旋即被總統府方面否認。傳說中共方面也不希望暴露李登輝的歷史身份，或者不想破壞關係，而對吳克泰施壓，這個事件就此平息下來。但當時反李登輝的人士卻不斷出現李登輝是「台共」的說法。

歷史在反覆，隨著主流／非主流的鬥爭，國民黨的多次分裂，李登輝的歷史被某些單位有意的透露出來。李敖的文章中，曾強烈批判過李登輝就是一個出賣早年共產黨同志的人。李敖出版社的眞相叢書《安全局機密文件》出版後，其中的檔案也刊載李登輝介紹葉城松參加共產黨的事。然而，令人不能不懷疑的是：安全局是一個典型的特務機構，在白色恐佈五〇年代，極有可能製造各種假文件，造成受刑人之間的互相猜忌、出賣，其中內容不乏虛構、陷害、僞造、吹噓、擴大，以及貌似誠實檢討，而實則爲了邀功、領賞而有的編造。

在這本國家安全局的「機密文件」中，我首次看到郭老案件的「官方文件」。它的標題是「匪僞台灣民主自治同盟郭明哲等叛亂案」。內容如下：

「郭明哲於三十五年間，參加謝雪紅所領導之人民協會，及已決匪（按：即已被槍決匪諜）簡吉所領導之農民組合等左傾團體，並與郭匪萬福組織社會科學研究會，研究叛亂理論。三十六年七月間，復參加郭匪萬福領導之讀書會，閱讀反動書刊，嗣被吸收加入僞台灣民主自治同盟，先後介紹謝田、王參派等參加該僞盟，並經郭萬福指定其擔任大甲支部組織幹事，擴大發展叛亂組織，開展山地工作……。」

無論如何，我仍然很難把大安鄉所見的那個農民般的安靜老人，和資料上寫著的「郭匪明哲」連起來。更何況，簡吉——這個在日據時期台灣社會運動史上，一定要讀到的人物、最重要的領導者之一；以及謝雪紅——二二八事件裡的傳奇人物、台灣共產黨發展史中不能遺漏的名字，竟與這樣一個平凡如鄰居農民般的老先生連結起來看，總是有些不可思議。

好像一條河流，在過彎處有青翠的山脈、綠盈盈的溪水，水中有活潑銀亮的小魚，在霧中騰躍而起，向晨曦拍出珍珠般的亮光。可轉一個彎，整個河流竟消失了，河水流入地底，河床上散落著磊磊荒涼的鵝卵石，秋天的蘆葦在風中飄蕩，白茫茫蓋住大地，黃昏已經來臨，著色蒼茫，天地荒涼。兩個世界的斷裂。

斷裂感。便是這種難以形容的斷裂感，讓我無由辨認兩個時代的郭明哲。青年時代那個看著魯迅與版畫，從事抗日運動、農民運動，和簡吉、謝雪紅交往，活躍無比的人，在十餘年牢獄之後，竟已成為寂寞安靜的老人。

□

過了新竹、頭份以後，隨著明亮的天色，上班或辦公的人流逐漸湧現，高速公路上漸漸有多起來的車輛。雨慢慢變大，但隨著離開新竹一帶斜飄的風雨，又轉爲細細的雨絲。

我看看時間，應該還來得及參加告別式，但終究很想睡覺，便喝了一大口咖啡，加快速度，超過一部國光號，和幾輛轎車。

我於是想起父親。以前父親開車南北奔波做生意，每每想睡覺的時候，就用超車的方式，來讓自己提神。他的方法是以超過一百部爲目標，而後開始一、二、三、四……計算起來，像在玩一種遊戲。

寂寞旅人的寂寞遊戲。

父親的臉上，常常有嚴肅而堅毅的表情。專注的時候，眼神如鷹，凝視著你，嘴角向下緊抿，呈現出一道下彎的唇形，兩頰上的法令紋深深拉長，有一種決戰似的神情。那神情，總使我想起童年看過的日本電影裡的武士：在決鬥的時刻，武士扶刀靜立，以死生與之的堅決，凝視前方。武士與父親臉上的線條，是如此相似。我有時候不免想，父親的臉上的線條，是不是有日本殖民歷史的殘留呢？而和父親同一代的人，如郭老、如李登輝的臉上，竟也有著相似的神色。那是戰爭時代的烙印？還是日本文化的殘留？

唯一讓父親鬆弛下來是在酒後吧。

大學時代，我曾陪他去埔里出差，他在應酬喝酒後，讓我爲他開車。那時，他會唱起日本歌謠，用一種男子漢的聲音，唱出一個旅人，在東京的夜色中，把西裝拉在肩膀上，孤獨的走過無人的街道。流浪的男人啊！父親總是這樣唱著。我有時自不免要想，什麼是他的孤獨心境？爲什麼他的心境，竟要由日本歌曲來傳達呢？是不是那樣的曲調，已成爲他內在情感的旋律？少年時代在日本統治下成長的他，感情的節奏和表達，男人的自制和寂寞，是不是有一種日本式的風格？

郭老的寂寞與自制，竟讓我想起父親。然而，郭老終究和父親不同吧。日據的末期，父親只是一個少年，帶著被殖民帝國鼓動起來的戰爭熱血，以追尋絕對的生死意義爲職志，竟以參加神風特攻隊爲最大志向。那個少年，只是一個佃農的兒子，當然沒有可能走到反殖民、反帝國的道路上，而況在他成爲青年以前，戰爭就結束了。郭老却不一樣。

「我生於一個小地主的家庭，從小到大，在物質生活上並沒有吃到多少苦。我父親原本是公學校的教員，但是並沒有做太久。後來他轉而從商，做大甲帽的生意。在我看來，父親是一個有民族意識的人，但是，因爲鬥不過日本人，所以，有時候也會和日本人妥協。當時的社會，日本人的高壓統治，是很讓人受不了的。

「我常常想，同一個環境下的人，有的人走一走，就走到左邊去，有的則走到右邊去。一般人，通常都會妥協；因爲和它妥協有利。你可以做統治階級的幫手，這些人也不會覺得自己有什麼不對。但是有很少部份的人，在那種統治下却會自然的產生一種民族意識。我就因爲民族意識強烈，和幾個年輕朋友想搞反日的秘密活動，因此，在讀台中一中三年級時，被日本人抓過一次；後來，因未滿十八歲而『不起訴』，但是却被退學了。」

郭老被逮捕的原因是「間諜罪嫌」，拘留了五十天後，因未滿十八歲而不起訴。想像不到的是，幾年後，却以「謝雪紅留台幹部」的名義，被檢舉而逮捕入獄；先是判處九年，後來再被提訊，因「交待不清」反覆偵訊，最後被判處十五年徒刑。

五十天與十五年，這是多麼巨大的差別！但還未滿十八歲的郭明哲，又是怎麼從五十天，走到「十五年」的牢獄裡去的呢？

「書，是我的啓蒙老師。」郭老在接受藍博洲爲TVBS製作五〇年代白色恐怖的專題報導時，在鏡頭前這樣說明著。

那是一九九七年了。距離我和他初次見面，恐怕有十幾年。我竟是因爲應藍博洲之邀，主持記錄片節目「台灣思想起」，才又在螢幕前注視著他的面容。依舊是那樣的唇角，向下抿著，安靜而自尊的口吻，專注凝望如鷹的眼神。然而，依稀有些蒼老了。好像更瘦了一些。穿著便服的身體，坐在樸素的書房裡，拿著書，彷彿那些書是老朋友，已經陪著他，從青年時代走到現在。

我彷彿看見一個青年，在貧窮的中部農村，飢渴的翻開一頁頁的書，書上有難懂的日文漢字、艱深的理論。早晨的天光，由左手邊的窗口射落下來，鄰居的婦人已經起床，正在「咕嚕咕嚕」的呼喚著餵養的小雞來覓食。附近的田埂上，一個老農民在早春三月的空氣中，赤著腳，荷著鋤頭，悠悠的走過去。這個青年抬起頭，望向這個平凡的每一天早晨，喝一口已經涼了的茶。「人的命運啊！」他眼神專注的看著。

「因爲學校不給我唸了，我就自己找書看。後來，我通過『短期教員養成班』的培訓後，被派到大甲公學校（現在的文昌國小）教書。這段期間，我讀到周佛海寫的《三民主義理論體系》日譯本，思想上受到相當的震撼，對三民主義有了初步的認識。

「後來，我又買到一本《社會科學大辭典》，那裡頭什麼都有。我碰到什麼不懂的問題，就把它翻開來看。關於國民黨是一個什麼樣的黨？三民主義後來變成怎麼樣？買辦是什麼？等等問題，我唸了它之後，就有了深刻的認識。

「再後來，我又買到一套《無產階級文學全集》，這裡頭包括外國的、中國人和日本的進步作家的作品。看了以後，我對整個世界無產階級被壓迫的事實，就有了具體的認識與感受。」

不僅是郭明哲，同時代的年輕人都有一樣的疑問，都在追尋答案。郭明哲是其中的一個。和無數知識份子的命運一樣，當理論的認識化爲世界觀，這知識的力量就會開始想轉化爲實踐。

郭明哲開始把自己讀過的書拿給身邊的朋友看，並且在自己的教師宿舍組織了一個讀書會。其中，包括了郭阿坤、郭萬福、蔡鐵城、王參派等人。這時，最重要的是避開日本特高的注意。然而，一九五〇年代，他們却無法避開國民政府的特務。這些人，竟都在白色恐怖時期，被逮捕槍決了。

□

不僅僅是郭明哲，光復後，剛剛從日本回台灣的李登輝也在尋找台灣未來的出路。一九九五年吧，我在北京和吳克泰訪談時，他仍能記憶那些歲月：國民政府的接收帶來貪污腐敗，社會混亂，法治蕩然，台灣社會內部的不滿在積累著。

「出路，出路，台灣人的出路在那裡？」所有的知識份子都在問。

吳克泰還記得一九四六年夏天，李登輝用整整一個暑假的時間，讀完了馬克思的三大卷日文譯本的《資本論》。其用功的程度，簡直和學者沒有兩樣。吳克泰認爲，那時的李登輝有很濃的知識份子的個性，知道自己要朝學術研究的路上走。但歸結來看，李登輝也是想從中找到台灣的出路。

也便是那一年冬天，北京發生沈崇事件。一個北大女學生被美軍強暴了，而美軍皮爾遜居然無事。這一點引起北京學生的「反美抗暴運動」，上街示威遊行。台灣也跟著捲入風暴。一九四七年一月，在吳克泰主持下，台大學生決定在一月九日舉行反美示威遊行。李登輝，作爲一個覺醒的台大學生，和學生運動領袖陳炳基同一個讀書會的熱血青年，自然參與了這一場「反美抗暴運動」。這是二二八事件的前夕。

在留存下來的照片裡，李登輝站在隊伍的前方，只露出一個頭。即使那是側面的容顏，但方正臉大耳朵，高挺而線條分明的鼻子，隆起的顴骨，和整個輪廓的形狀，分明是青年時代的李登輝。他的身邊，站著一群留著相似髮型的大學生模樣的青年。從現場來判斷，這大約是大學生抗議的隊伍所在。根據當時學生運動領袖的回憶，李登輝當時確是台大學生的領導者之一，帶頭的人。

那背景則是穿著制服或理平頭的中學生，有人抬頭平視，有人側頭觀望，像是要避開前方的遮擋。他們衣著素樸，面色凝重，一起注視著前方。密密麻麻的人群中，一支彷彿有三角形旗幟的竿子，樹立在中學生隊伍前。現場看來像是有人正在演講，集中了所有人的目光，演講的內容並不是高亢的吶喊，而更像是沉重的批判、分析，以至於空氣中有一種濃厚的專注味道。然而，我們無法看到是誰在演講，因而增添一股懸疑的氣氛。

鏡頭前李登輝的面容，凝神的模樣，總不免讓人想到，那時候的他，正在想些什麼呢？是台灣的命運？是他們喊出的那一句口號：「美軍滾回去」「Good-bye, U.S. Army!」？或者是這一場學生運動之後，他要帶領學運走到什麼地方去？或者自己的命運，要走向何方？在那個關鍵的歷史剎那，青年李登輝曾用什麼樣的心情，看待這個世界，中國人的未來，台灣的命運？

如果要為那安靜的圖片配上音樂，那個現場，那個歷史，其實是由「義勇軍進行曲」

所構成的旋律。原因很簡單，台灣民眾還沒學會太多國語，大家較熟悉的國語歌曲，是當時的抗日愛國歌曲「義勇軍進行曲」。這一首歌，也還沒有變成中共的國歌。學生唱著這一首歌，站在街頭。

站在那個現場的李登輝，當時已經是中共地下黨員。五十天以後，台灣民眾暴發有史以來最大規模的暴動——二二八事件。

距離照下這張照片相隔四十九年又五十天之後，一九九六年二二八當天，李登輝重回歷史的現場，台北新公園，以悼念二二八的亡靈。這時的他，已成爲中華民國總統，中國國民黨主席，正在競選第一任全民普選的總統。爲了李登輝訪問康乃爾大學，中共正發動一切力量圍堵，文攻武嚇，飛彈飛過台灣上空，聲稱要把這個曾經是地下黨員的人「掃進歷史的垃圾堆」。

再沒有人想起一九四七年一月九日上午，那個安靜的早晨，台灣第一次反美示威遊行的學生運動，那個凝視著新公園現場的青年李登輝。一九九六年走進新公園的李登輝會想到嗎？

不能遺忘的人之中，一定有徐懋德。

□

無論從什麼角度看，徐懋德都有著和郭明哲相近的氣質。農民般樸素的穿著、安靜沈思的面容、知識份子的硬骨氣和自尊、隨和但有所保留的觀察著的距離感……。

不知道爲什麼，在郭明哲、徐懋德，以及北京所見的長者江濃身上，我分明感受到一種接近的氣質。那是屬於參與過革命年代，有過大風大浪、生死與之的生命，在經歷過熱血的激情、牢獄的洗煉、寂寞的沈潛後，才有的深沈內斂。彷彿生命已經看開了似的。有如農村的早晨，微風輕吹過田野的那種質樸、乾淨。

徐懋德住在天津，已經從大學教授的職務上退了下來，除了參加與台灣有關的討論會研究會之外，就是帶著小孫子過平靜日子。偶爾北京的官方活動涉及對台政策的討論時，會把他找去，因爲他當年是中共地下組織的台北市負責人。更重要的是，當年李登輝就是在他的手上通過退黨手續。他可能比較了解李登輝。然而了解徐懋德性格的人都說，他爲台灣和一些強硬派有過一些爭執，並再三說明台灣意識的根源與歷史眞實。

事實上，我是爲了證實李登輝加入過中國共產黨的眞相，去拜訪他的。時間是一九九三年。在此之前，一些朋友已經向我說明過，包括李登輝與吳克泰的關係，以及與陳炳基、李蒼降等人的讀書會等。但眞正完成退黨手續，是在徐懋德任中共地下黨台北市學委負責人的時候。

當時，李登輝的退黨要求，已經通過相關人士給轉達上來。徐懋德透過幾個方面，約略了解一下李登輝的情況，退黨的原因包括了認爲黨內有人有政治野心、理想性有問題、自己信仰基督教與共產黨的無神論衝突等等，但還是要見一面，才能獲得證實。他們約在新公園附近一棟建築的騎樓下。時間是黃昏。

徐懋德表明，自己已經接到李登輝的退黨要求，但無論如何，總是要聽一聽李登輝自己的意思。但李登輝並未說出自己對中共地下黨一些人的看法，或者對內部有政治野心份子的不滿，而只是說，他了解到自己性格，雖然對台灣的現況與政治很關心，但眞正的興趣不在政治活動，而是做學術的研究，所以想退出政治活動。

徐懋德和他談了一陣子，李登輝仍堅持退黨。徐懋德最後說，無論如何，請李登輝再仔細考慮吧，下個星期，一樣的時間，在這個地點見面。

一星期過後，同一地點，徐懋德問他：「考慮過了嗎？想法有沒有改變？」

李登輝搖搖頭，他的意志沒有改變。沈默了片刻，徐懋德給李登輝的答覆有三條：第一，黨方面已經同意你的退黨。第二，不互相出賣，我們保守秘密，不說出你入黨和退黨的事，你也不要對外說出我們的事。第三，不要做出對不起對方的事。

這樣的要求並不過份，因爲以當時台灣的政治環境，任何共產黨員暴露身份，會馬上被逮捕，而中共如果故意出賣李登輝，他也一樣不能倖免。這是雙方都需要的一種承諾。至於「不要做對不起對方的事」，是意味著不要因爲間接暴露、言詞的指涉，而傷害對方。李登輝同意了。

就這樣，李登輝退出中國共產黨。

歷史在這裡，產生一個大轉折。在那個遙遠的黃昏，站在新公園邊的建築物騎樓下，徐懋德和李登輝自己都未曾想到，在四十多年後的一九八八年，李登輝會接任蔣經國，成爲中華民國總統。當年不想參與政治活動、有心從事學術研究的李登輝，却坐在台北的總統府，踏在政治舞台的正中央，準備創造歷史。而當年想用革命創造歷史的徐懋德，却已經退休，成爲安靜的充滿回憶的老學者。

□

徐懋德所住的退休教師宿舍，是一棟平凡而老舊的樓房，窄小的空間，家中堆放著各種書籍。我想從他口中直接證實，李登輝當年是如何退黨的。爲了讓他了解我已大略知道內情，我把自己所知的訊息先向他透露。

但他却避而不答，只返身走到書房裡。片刻，拿出一些資料，竟是台灣出版的書。大陸要拿到台灣出版品非常不容易，而且台灣出版品的售價絕非一個退休的學者所可以負擔。我能夠體會他收集資料之用心。因爲，中共官方不會爲一個退休的學者買研究資料，他也無處去報帳，唯一的可能是他自己的收集。那是非常困難而遲緩的事。但他却慢慢做到了。

他拿出一些雜誌的剪報、李敖寫過的文章，上面指控李登輝是如何出賣同志。他一個字一個字對著，用一種平靜，却無比明確的口吻說：「這些都是不對的。」他也指著《安全局機密文件》裡的檔案，說：「李敖所根據的就是這些資料，但這是國民黨特務機關製造出來的，裡面故意有眞有假，互相混淆。它就是要讓人互相猜忌，互相懷疑，最後就不能互相信任了。」

在長達四、五個小時，包括吃飯的訪談中，他終究謹守著諾言，未曾說出當年的事。然而，在談到當年台北學生運動的時候，徐懋德拿出珍藏許久的照片。那就是一九四六年一月九日，李登輝參加新公園示威遊行的照片。他戴上老花眼鏡，在室內的燈光下，仔細的看著，一幀一幀的說明。在看到李登輝那一張照片的時候，他露出溫煦的笑容，彷彿在回憶一般的說：「看，這就是他年輕時候的照片？像不像現在的樣子？」

相較於徐懋德的謹守分際，不多說什麼，他的妻子，像很多老太太那樣，有一種開朗自在的笑容，用輕鬆的口吻說：「那些年，我們在台北搞學生運動的時候，還要躲特務的追查，眞的很辛苦啊！幸好孩子都很乖，每一次我們要逃，他們沒有哭，也沒有出聲，才沒有被發覺呢！」說著說著，她會抱住旁邊的小孫女，彷佛在想，幸好沒被抓，否則就沒有孩子也沒有孫女了。

我仔細看著徐懋德拿出來的照片，竟有一種說不出的悵惘和失落。

地點是台北的街頭，衡陽路，自己生活著的土地，場景是如此的熟悉，面容是如此的可親，充滿了生命力，可我竟不知道它曾經這樣熱熱烈烈的愛過、活過。

那些照片是黑白照，老舊而不是很淸楚，却有一種青春的節奏。在一張北一女學生的遊行照片上，背景是衡陽路，上面有茶莊、書局的招牌，女學生舉著長條形的布幅旗幟，上面寫著「抗議米軍暴行」。

是的，這是一九四六年的台灣，台北。也唯有那個年代，台灣還使用「米軍」這樣的日本字眼，北京的學生是使用「美軍」的。圖片的右前方，有一個女學生高舉著手，臉上露出微笑，彷佛快樂的在喊口號。旁邊的女生則把右手臂舉在胸前，像是喊過口號剛剛放下，又像是正在愉快的振臂行走。那短短的頭髮，顯現出中學女生的稚氣和朝氣。她們是剛剛由學校出來的吧，大家都穿著制服。按照當年國民政府的規定，學校應該是禁止學生出來遊行的，但她們却出來了。站在街頭的少女，有一種青春和美麗，屬於那個年代的素樸和端莊。

另一張照片，是一隊自行車的行列，正在轉過衡陽路的街角。背景則是台灣銀行，古老的歐式風格，是典型的日本殖民時代建築（現在還在原地，已被列爲古蹟建築而保存下來），窗戶上還垂著歐式的窗帘，但靠左手邊的窗戶被打開了，有人探出頭來，像在觀望。而轉彎的自行車流與人潮，則向前方移動，彷彿要趕赴一場集會。圖片的正前方有兩個人，他們穿著與群眾完全不同的長袍，站立著像在觀望，又像等著要過馬路。那是不是一種象徵呢？移動著的人群洪流，與不動的中國長袍馬褂，竟是如此強烈被對比起來。

最令我心驚的一張照片，却是最平凡的。它可說是拍攝群眾運動的記錄裡，一張失敗的照片。第一，只有拍攝群眾的背面，所以你看不到群眾的面容和表情，不知道是悲是喜；第二，沒有群眾運動的訴求，因此你根本不知道他們爲什麼群集在這裡，你無法分辨這是一個學校的早晨集會（他們都穿著制服，那些著西裝的人是教師？還是學校的訓導人員？）

或者，這只是一場演唱會、愛國活動；第三，缺少群眾活動的動感，反而像是一群沉默的羔羊，在默默踏向一個地方。尤其是，那些女學生的手都交叉在前方，彷彿保守而乖順的孩子。他們雖然走向群眾聚集的某個中心點，也就是右前方，你可以看到細小的群眾的焦點所在，但由於中心的不在，沒有人知道這是爲什麼而集會。就我的編輯經驗而言，這絕對不是一張合格的報導攝影。

然而，也正是那種沉默如羔羊的姿態，有如被魔法所驅策的集體向一個定點行進的感覺，以及恍如凝住不動的空氣，竟讓人有一種不寒而慄的恐怖感。我不能不聯想到納粹集中營裡，那些沉默的走向毒氣室的照片，那種安靜無聲、走向死亡的感覺。因爲，一切只是因爲：再過五十天就發生了二二八事件。那正是二二八的前夕！

它彷彿是一個恐怖的預告。一個大殺伐的時代正在來臨，一個沒有什麼人權觀念的政權，可能展開恐怖鎮壓，但他們却不知道，用自己的沉默與安靜，走入那個大動盪裡……。這些羔羊般善良的人民啊！

現在回想，看到照片的剎那，我所感受到的內心的失落與悵惘，其實是看見某種純眞已經永遠不在的失落。那些追尋於街頭的青春，搖動旗幟的女生，單純且微笑的容顏，以及凝神看著前方的專注眼神，代表著某一種理想主義的精神，他們曾經這樣熱熱烈烈的存在過。活過。愛過。

然而，這樣的純眞即將失去。當二二八之後的鎭壓屠殺橫行過全台灣之後，人們只有兩種選擇，或者繼續爲理想而走向革命；或者沉默的苟全性命於亂世。中國的內戰更劇烈了，台灣的通貨膨脹更嚴重了。對一般老百姓來說，生存都不容易啊，更何況要站上街頭。

二二八的屠殺是一個最重要的轉捩點。純眞的，變成世故。青春的，變成老練。微笑的，變成壓抑。吶喊的，變成沉默。人們要開始認知到：政治，不是街頭的遊行，而是鎭壓。抗議，不是口號，而是槍口下的堅持。理想，也不是浪漫的擁抱，而是死生與之的革命。

這是歷史的抉擇時刻。而這些照片，已成爲台灣所擁有的青春理想的一個記錄，永恆的追憶！時間是那麼短暫，從一九四五，到一九四九。

我常常想起李登輝的那張照片。那時刻，這個以一個暑假讀過馬克思三大卷《資本論》的青年，被朋友公認是好學深思的研究者，中共地下黨員，當他帶領著台大學生站在新公園的時候，他在想什麼？那年輕的內心，是否燃燒著理想？是否正在想著台灣的明天？以及明天之後的明天……？

那時候，郭明哲在做什麼呢？

□

「為什麼上天沒有給郭老多一點點時間？」我兀自這樣想著。如果有可能，我多麼希望再有一次深談的機會。但他已不在了。

一九九七年，在「台灣思想起」的節目錄影時，有一集是有關郭明哲案件與生命史的記錄片。錄影前，我接到他寫來一封信，直接表明：請在主持節目時，能了解當時的心情，不要作了不正確的描述。政治案件與所受到的牢獄之災，是自己生命與信仰所必然遭遇的。

人爲自己的信念與實踐，付出代價，這是問心無愧的事，既不求平反，請也不要說是因爲年輕時代的熱血而走上錯誤的路，他自問一生未曾走錯路。

「今天的郭明哲，即使老了，仍不認爲自己是冤獄，需要平反。他認爲爲了理想的實踐而坐牢，是生命信仰的付出，沒有什麼好平反的。『求仁得仁』，這就是他的寫照。響噹噹的一條漢子，終生信仰革命志業的人。」

這是我在節目中，爲郭老下的解說詞。雖然他後來叫人傳話說，他相當喜歡這結論，也很符合他的生命觀，但我們終究未曾爲此而相約見面。

直到九八年五月，他終於來到我位於台北的家。那是因爲次日要上台大醫院檢查和拿藥，本來要住在朋友的基金會裡，但因另一個朋友生病了，住的地方無法騰出來，他想先暫住我處。

那一年的五月，台北連續下著梅雨，空氣濕得可以游泳。上下班的時候，尤其塞車，車輛速度慢得像在水裡行進。

郭老在黃昏時，由老伴陪著到來。他半彎著身體，剛剛一進門，就無法遏止的急忙往廁所走。連續的塞車讓他的病體無法承受，即使穿著紙尿布，卻因初次穿上，還是無法習慣。原本硬朗的身體，看來愈發瘦弱，說話的聲音變小了。原有的一股威嚴和自尊，因爲長途行車的勞累，變成身體佝僂，聲音微弱，氣若遊絲。但他依舊有一種老一輩人的禮貌，像客人般的客套著。我再三請他先休息，可他仍要陪著說幾句話，一邊交代著自己的病情，一邊客氣的說著叨擾了之類的。這讓我非常不安。

吃過簡單的晚餐後，我必須赴報社上班，就請他們自己先安頓休息。一直忙到夜裡十一點半，我才回到家。看看屋裡，他們夫婦睡的房門已經關上，我想郭老應該睡下了吧，正要離開客廳，卻見他的房門打開來。他用一種比較開朗的口氣說：「這麼晚才下班嗎？」有如父母在問候回家的孩子。

「還沒有休息嗎？」我問候說。

「想等你回來。可以聊一聊。」

「會不會太累了？今天坐了一天的車。」

「還不會。有些問題，想等你回來談一談。聊一聊再睡吧。你會累嗎？」

「哦，不會。朋友都知道我是夜貓子，也常常來聊天到晚上三、四點。」我說。

「那就好。」他說著，轉身進房裡，穿上外套，手上還拿著一包香菸。看來是準備聊一陣子的樣子了。

我燒開水，把茶葉換過，泡一壺新茶。只見他已經有些疲憊，在抽菸提神似的，卻又用力的咳起來。他的肺部有如被什麼東西壓抑住了，有一種使不上力，無法用力咳出的感覺。不知道是不是因爲怕冷，瘦而扁的胸部向內凹陷，有些佝僂的坐在椅子上。

「我有一些問題，因爲住在鄉下，看不到什麼資料，一直不知道。想想你在報社工作，資訊多一些，也許有多一點消息吧，正想要請教你呢！」郭老有點嚴肅，卻不失溫和的緩慢說著。

「哦！快別這麼說了。報社也只能知道一點事。我恐怕知道得很有限呢。」我有些惶恐了。想到老人家帶著病體，等我到半夜，我實在很怕讓他失望。

「是這樣的，舊蘇聯解體之後，整個國家體制起了很大的變化。世界情勢也變了。但我所最擔心的是，那時候，有國家養著，才有那麼多優秀的世界級的思想家、藝術家，像是哲學、思想、舞蹈、音樂、詩歌、美術……，你是詩人，有沒有比較關心他們？現在他們不知道怎麼樣了？」他一邊說著，一邊喟嘆了：「其實蘇聯的解體，讓人意想不到啊！一夕之間，好像就消失了。那麼強大的國家，那麼優秀的藝術工作者，可是爲什麼？爲什麼在一夕之間，好像都消失了？」

我感到全身的汗毛直矗，有如被電擊一般。

爲什麼？爲什麼我未曾想到呢？還居然是「詩人」，可那些舊蘇聯時代的藝術工作者，他們現在在那裡呢？我竟然一無所知，只有片言隻語的報導，看到某些個藝術家出國表演，或者爲了生存而投身到歐洲國家的樂團的消息。但我眞的是如此無知啊！

我感到無言以對的愧疚。對自己，也對老人家的心。我只能希望以後可以多找一些資料，雖然我知道，這些資料基本上也不是現在報章媒體報導的重點，但至少，有些外電、國際的媒體會報導吧。

「我所不了解的是，」他繼續說：「其實政治上的變化，總是有起起伏伏，今天的蘇聯雖然解體了，但明天，又有誰知道它會怎麼樣呢？我們所經歷過的歷史，其實非常短暫，中國幾千年歷史，還不是分分合合。今天蘇聯是這樣，幾十年以後，會不會又合在一起了？」或許是爲了讓我的愧疚釋懷，他這樣的談著。我看著他傴僂的身體，想著生命的短暫，竟有一點悲哀。然而，這短暫的生命，還要想著百年、千年的歷史。

「政權總是有限制的，它是政治、經濟、社會條件的產物。尤其現代的國際環境更複雜，經濟、人權、資本都可以變成鬥爭的手段。但文化，文化是不一樣的啊！」他輕微激動著。

「文化不可能短時間產生，它是積累起來的，它留在人的腦袋裡，心靈上，應該不會一夕之間消失不見啊！」他嘆息了。

「爲什麼蘇聯的文化，那麼優秀的文化工作者，竟然好像消失不見了？他們到那裡去了？都過著什麼樣的生活啊？那些思想家、哲學家、藝術家、舞蹈家、詩人，他們是不是有人在反省，在問，爲什麼蘇聯會變成這樣？從哲學上、思想上、藝術上，來反映這個時代，來反省這個時代？他們會怎麼想呢？」他用鷹一般的雙眼，凝視著前方的一杯茶，却像是進入更遙遠的世界。那世界遼闊而深遠，在時間與空間的大宇宙中，爲了信仰而流浪追尋。追尋最後的答案。

我不知道。我多麼希望可以用讀過的一點資料來回答，却更明白自己的無知。

我突然想起藍博洲寫過的一篇報導文學作品，描述一個五〇年代的政治犯，在面臨槍決的前夕，還在讀書，研究理論上的問題，和別人討論。有人問他：「你最近就可能面對死亡，爲什麼這時候還在讀書呢？你這一生已經用不著了啊！」但那個政治犯回答：「朝聞道夕死可矣！」

他想找到答案。即使在生命的最後一刻。

□

在生命的最後一刻。郭老會想起什麼？是他永遠追尋的答案？還是青春年代，那最初的記憶？

一九九五年底，李登輝還陷在因爲訪問了康乃爾而帶來的兩岸危機時，就有李登輝的總統競選對手去找過郭明哲。他們的要求非常簡單：請他出來作證，證明李登輝曾加入中國共產黨。

還有什麼人，比郭明哲更有資格證明李登輝的過去？這個連李登輝在京都帝國大學的證書，都還留在手上，甚至李登輝早年的故事，與後來的李登輝如何受到蔣經國賞識的背景都了解的人，只要站出來，講一句話；只要他用自己的經歷、眞正的背景、對李登輝生命的了解，出來說一句話，就足以讓李登輝想隱瞞的過往，尤其是曾經身爲共產黨員的過去，全面曝光。

然而，在那一年，他沈默著。

「我沒有辦法做出對不起他的事。」郭老這樣說。住在我家的那個夜晚，我問起飛彈危機當時，爲什麼他願意保持沉默？爲什麼他用這樣的方式保護李登輝？他用一種沈靜的聲音回答：原因有兩個，首先，加入共產黨又不是什麼罪惡，也不是不光榮的過去，但他們要把李登輝的這個過去，變成選戰的工具，當一個罪惡、一個打擊的手段來打。

「其次是：我不想做選舉的工具。」郭老明確的說。

然而，眞正的關鍵是他和李登輝之間，有非常深的私誼。

就在李登輝在台北參加一月九日的反美示威遊行前，郭明哲已經參與了謝雪紅在台中組織的「人民協會」。二二八事件後，一九四七年九月，郭明哲被派到南投信義鄉的同富國小擔任校長，自然沒有再參加「社會科學研究會」了。

信義鄉是布農族的部落。郭明哲除了擔任校長，還兼任當地望鄉部落的副村長。「我會到山地去，是因爲霧社事件的影響。從那時起，我就很關心原住民，以後看了很多關於『霧社事件』的左派資料，心裡就想替他們做點事。我認爲他們不但是最眞的台灣『原住民』，而且受到的迫害也最深、最厲害，所以一直想要幫忙他們。本來，我還想當原住民的。」

想當原住民的念頭，讓郭明哲事事爲他們著想。有一次，美軍想在山上尋找日據時期，對台灣進行大轟炸時被擊落的一架飛機。他們帶著軍用地圖，來到信義鄉這個小部落。因爲想找一個語言可以溝通的知識份子，他們找到了郭明哲，希望藉由他的協助，讓布農族帶領美軍上山。

郭明哲從布農族的口中知道，其實常常上山的布農人早已知道地點。那是在很遠的高山上，如果要找，當然找得到。但他又想到，這個尋找被擊落飛機的行動，會不會是美軍偵測台灣山地地圖的陰謀呢？最後，他幫布農族人答應下來，但要族人帶著美軍到另一個地點；其實是只到半途，就僞稱找不到了，大家全部回家。既領到路上的車馬費用，布農族人得到好處，又沒有讓美軍的目的得逞。郭明哲還是相當得意。

由於擔任校長，他也必須處理一些部落裡的紛爭，就慢慢變成一個意見領袖。有一次一個喝醉酒的人拿著割草用的鐮刀，威脅著要殺另一個人，大家都嚇壞了，不敢靠近。他們來報告這個年輕的校長。校長竟是空手過去，走到醉酒者的面前，只見他還在揮舞刀子，他用威嚴的聲音，大喝一聲：「把刀子放下！」那人竟乖乖的，垂下雙手，把刀交給了郭明哲。布農族人相當崇拜勇敢的人。這個事件，讓他們更相信他的人格，因此也建立起相當高的威望。

這時候，李登輝來了一封信。信中談到，台北正在成立許多農工業專門學校，還正缺乏教師，以郭明哲的知識能力，要在台北謀一個教書工作並不困難。雖然他只是台中一中未畢業，且沒有什麼資格，但只要他願意，李登輝可以協助他。爲了表明誠意，李登輝把自己日本京都帝國大學的證書，寄給郭明哲，甚至說，只要郭明哲願意，都可以代考。到台北來參加這個世界的變化啊，不要在遙遠的山上窩居著，李登輝信上寫道。

他可以體會李登輝的好意，却無法說明自己在山地部落所從事的「志業」。他回絕了。郭明哲在遙遠的山地，營造著一個讓原住民覺醒、讓人民站起來的革命之夢。

一九四九年冬天，郭明哲突然被捕。他以爲是大甲的讀書會出事了。負責審訊的是台中《民聲報》社長謝成，原爲調查局特務，但問話的重點，却不在大甲，而是郭明哲認不認識謝雪紅。郭明哲承認，認識。他竟然被釋放了。這時的台灣局勢還被大陸的內戰所捲動，撤退來台的大量人員，帶來通貨膨脹、物資匱乏、社會不安。是不是這個原因，讓特務本身都還恐懼著萬一中共佔領台灣，他們會遭到報復，所以還未下令動手，郭明哲也不了解。

然而命運未放過他。一九五〇年六月，也就是韓戰爆發，美軍第七艦隊協防台灣之後，白色恐怖的大逮捕、大殺伐就開始了。七月，郭明哲再次被捕，同時一大堆的書遭到沒收。他先被判刑五年，後又改爲九年；等到別人自首，提到他和謝雪紅的關係，他再度被調回偵訊，最後被判了十五年。

這一年，他走入三十歲。開始於獄中。

□

想到郭明哲，我就不能不想到徐懋德，氣質是這樣的相近，彷佛是電影裡描述過的那種「老共產黨人」。那種「把生命交付給革命，把理想奉獻給人民」的典型，終生未曾享受過什麼，也未曾要求過物質的回報，最後仍爲自己的信念堅持著的人。即使這個世界改觀了，中國大陸變成一個向錢看的世界，而他所信仰著的理想也失落在解體的現實之下，甚至早年的朋友，已走向另一個道路，但他却以自己的信仰，堅持著人的完整、人的尊嚴、人所應有的面貌。因爲這樣的堅持，他們竟沒有一句怨言，一句對李登輝的批評。

不僅是徐懋德，郭明哲也一樣。在最後一次的夜談裡，郭老等待著我的歸來，我探尋著當年的歷史眞相，但他竟未曾有過一句對已經成爲總統的李登輝的批評。他仍記憶著美好的一面。

他提到當他在牢中，處於那樣的年代裡，多數人都不敢再與政治犯有什麼牽連，但李登輝還敢寄書給他。那時，李登輝已經進入農復會，成爲政府中的一員，爲了明哲保身，他應該避免這樣的朋友關係曝光，但他卻寄凱因斯、計量經濟學的書給獄中的郭明哲，信中寫著：世界的經濟方法與思想已經改變了，我們要用更科學的方法，來看經濟、社會的發展。

郭明哲感念著這樣的情感，出獄後，他到李登輝台北家中去致謝。曾文惠出來應門的，因爲不認識，她看著眼前的陌生人。等到郭明哲說出自己的名字後，曾文惠竟用熱絡的語氣說：「啊！快進來，先進來坐，我知道，他常常提起你。」在那樣的年代裡，被孤伶伶關在獄中才剛剛出來的郭明哲，心中爲之一熱。他未曾想到還有人在遠方惦念著自己，還常常向家人提起。

這時的李登輝正在準備赴美國唸書。因爲太匆忙，他向郭明哲表明，已經把他推薦給農復會的人事部門，希望他們把郭明哲安排進去工作，以接替李登輝留下的遺缺。事實上，郭明哲了解自己的身份太敏感，不抱什麼希望。此事也果然不了了之。

他們陸續維持著交往。有時是李登輝希望可以協助郭明哲辦一個農場，有時是在閒談中，郭明哲抱怨自己無法出國，李登輝表示可以用他政務委員的身份，向警備總部說一聲。但郭明哲終究不願麻煩李登輝，怕為他的官場生涯帶來困擾。交往維持到李登輝擔任了副總統，成為蔣經國的接班人，因身份太敏感，郭明哲也不願主動去找了。

一直到一九九六年，飛彈危機最緊急的時刻，他們才再度見面，地點是李登輝總統競選活動的造勢大會。

□

那是熱鬧無比的場面，中部地區所有政壇的重要人士、國民黨內的高層官員都來了，連地方上的縣議員、村里長也全部被動員。他們都知道，今天李登輝要來。每個人都盛裝打扮，西裝革履，會場花團錦簇，一派繁華氣象。高音喇叭響著競選歌曲，工作人員在現場發傳單和氣球。有人搖動旗幟，更高的標語則貼在禮堂的正中央，上面寫著「大台灣，大建設」等字樣。國民黨要造勢，以掃除中共試射飛彈帶來的陰霾。

郭明哲為了要不要來，曾有過掙扎。他不能不考慮到，在這個敏感的時刻，競選對手打算用李登輝曾為共產黨員的歷史，來攻擊他的背叛，以及不可信任，但總統府方面出面予以否認。他從李登輝的立場出發，想到此時如果和五〇年代白色恐怖的「郭匪明哲」見面，是不是會帶給他麻煩？更何況，有一些老政治犯的朋友早已投入李登輝對手的陣營，他還會願意見面嗎？但如果郭明哲要求，而李登輝斷然拒絕了，作為老朋友，那眞是情何以堪？

然而，郭明哲以為，為了兩岸的人民著想，為了台灣人的和平與生存著想，他一定要走這一遭，再一次提醒李登輝這個老朋友：「不要把台灣帶向戰爭啊！」

「非如此不可」，他在心中對自己說。然而，既不要變成政治鬥爭的手段，又可以見面談話，要怎麼辦到呢？郭明哲煞費苦心。

他選擇一個李登輝要與地方政壇人士見面的機會，陪著台中縣議員的妻子一起去。再讓妻子找個機會跟李登輝說。如果他想見面，自然會來找。如果李登輝不想見面，那就放棄吧！

那一天，他和妻子提早到達會場。等到李登輝到臨時，早已有一堆中央官員、政壇要人、地方民代、派系角頭在現場等候了。郭明哲見到其中有平時在地方上包工程、搞圍標、開賭場、搞色情場所、炒地皮等等的民代，他突然替李登輝感到一陣悲哀。他可以了解，如果要選上總統，一定要利用國民黨原有的派系、地方勢力，但這些勢力，不是早年的理想中所批判、所革命的對象嗎？現在，爲了競選，爲了權力，這個老朋友已經走到自己所批判的對立面，必須做這樣的妥協，向他們打恭作揖，拜託，拜託。

「啊，這是多大的扭曲，多大的妥協啊！」郭明哲在那個現場，看著人來人往，花團錦簇，地方上的牛鬼蛇神，喧譁寒暄，竟有一種同情。

李登輝來臨之後，他的妻子依照計畫，在李登輝與一些縣議員握手的時候，走向了李登輝。

「我是郭明哲的妻子。」

「啊？他還好嗎？」李登輝問候道。

「他也來了。」她說。

「啊，真的嗎？」李登輝夾在宋楚瑜、許水德、吳伯雄等人的中間，突然抬頭外望：「在那裡？」

「在那邊。」她指著人群外圍的地方，樓梯下的轉角處。郭明哲穿著夾克外套，抽著香菸，遙遙觀望著。

這時，李登輝突然拋開身邊包圍的政要們，走出了包圍圈。有些警衛緊張的跟隨在後，但李登輝逕直走向郭明哲站立處。

「怎麼樣？最近身體還好嗎？」李登輝笑容滿面的問。

「都還好啊！」郭明哲有些衿持的回答。

「我們都老了，要照顧好身體最重要啦。」

「你也一樣啊！」郭明哲答道。然而，他終於嚴肅起來說：「我來，是有一件事要問你。」

「啊？什麼事？」李登輝有些訝然的說，但還是笑著。

「你看兩岸關係搞得這麼緊張。你是不是有想好了要怎麼辦？可不要把台灣帶向戰爭啊！」

「啊，是這個啊！」李登輝有些釋然的笑著：「不會啦，不會戰爭啦！」

「這是兩千萬人的事啊！」郭明哲看著他開朗的笑容，竟無法對他生氣。只能這樣說：「你要小心啊，台灣人需要和平，你不能把台灣帶到戰爭去。」

「放心啦，兩邊不會發生戰爭的啦。」李登輝有些應付的笑起來：「你放心！相信我嘛！」說著他拍拍郭明哲的肩膀，說：「我們都老了，身體要照顧好啊！」而後，轉身走回去。

人群再度包圍過來。郭明哲看見那熟悉的身影，消失在巨大的「總統，總統」的逢迎呼喚聲中。

□

當郭老談起這一段記憶時，竟還有微微的激動。我可以想見，當他看著李登輝不顧一切，離開政壇要人，留下滿場錯愕的眼光，突然走向一個默默無聞的老人時，內心是何等的激動。

在那簡短的對話中，李登輝並未回答他的問題，也未說明他對兩岸危機的處理計劃，只是寒暄似的，要他放心，像老朋友一樣，要他「身體要照顧好」。

「那時候，看到他那種很天眞，沒有什麼心機的笑容。笑得跟小孩子一樣，我實在生氣不起來。」郭老在夜深時，安靜的回憶著。我想到他明天一早還要起來看病，現在看來是如此虛弱，而我們已談了兩個小時，夜已深，該催促他去休息了，但他却兀自在回憶中。

「那時候，我看到他把兩岸搞得這麼緊張，連美國都要插手進來打仗。想想看，台灣就這麼小，怎麼禁得起戰爭？更何況中國人打中國人，要死多少人啊！這樣的歷史錯誤，他怎麼可以犯呢？那時候，我確實很生他的氣。」

「但是，在那個時候，他不顧一切的走過來，笑得那樣天眞，毫無心機。我本來想說他幾句的，可就是沒辦法生氣起來！」郭老有些無奈的笑了。

我無言的望著他。半個世紀前，這兩個朋友曾經信仰過一樣的思想，有過改造這個世界的雄心，或許也有相近的知識份子氣質吧。然而，五十年過去之後，世界已經改變。一個成爲國民政府的總統，走到對立的一面；而一個却退居在鄉下，孤獨的堅持著最後的理想。那相見的刹那，會是什麼感覺呢？

那原本的「生氣」，是對背叛理想的憤怒？對台灣未來的憂慮？還是對老朋友的生氣？而那「無法生氣」，又是爲什麼？

在深夜中，凝視著他的刹那，我彷彿看見，他那不斷自我要求、自我改造，以建立革命意識的背後，有一股非常傳統的、溫柔敦厚的、柔軟的情感。那是超乎政治立場、意識形態之上的、更本質的「調子」。某一種近乎沈從文的感覺。就好像他談及蘇聯，要問的竟是：「那些思想家、藝術家到那裡去了？」一樣，那是同一種生命的調子。人，之所以爲人的調子。

□

「我們不能馬馬虎虎的活下去。必須提高自己的認識、覺悟，一步一步的走下去，才不會浪費生命。別人也許覺得這太教條，可我自己不認爲：因爲人必須有所堅持！教條也罷，總比失去靈魂好吧。」

「老一輩的人，失去『可能性』是自然的定律。但歷史是連續的，新一代必定會有所作爲吧！」

穿過雨的高速公路，穿過夾雜了檳榔西施和違建的濱海風景，我終於到達大甲鐵砧山的殯儀館。一九九八年六月，在大甲告別式的會場裡，我再度看到他生前的記錄片。作爲記錄片的主持人，其實我已看過多次。但是直到告別式，我才眞正發覺，片子的結尾，他竟彷彿早已預見死亡般，做了最後的交代。爲什麼？爲什麼我當時未曾發覺啊？

大甲鐵砧山上，飄著細雨。來參加告別式的朋友，有綠島時代的老同學、老政治犯，也有年輕一代的朋友。綠島的老同學更加的少了。隨著歲月的流逝，他們彷彿慢慢掩上的一卷一卷的書頁，泛黃的記憶。那種認眞的活著的典範，那些讀著書，尋找答案的早晨，那一九四七年唱著歌，走過衡陽路、新公園的青春生命，爲了理想而歌唱的明亮的眼睛，都已老去，都已消逝。如果歷史可以重來，郭老，一定會做一樣的選擇吧！一定的！

公祭後，郭老太太走到我的身邊，握住了手，竟又不勝悲傷的輕聲哭起來。

「本來說好了，要再去你家裡住……。他還說要跟你好好談，有話想跟你說的。沒想到，怎麼就不能去了……。」

我無言的握緊她的手。

我原本以爲，靈堂上會有李登輝的輓聯。

然而抬頭一看，却未見到。

我不知道是家屬沒有把郭老去世的消息讓李登輝知道，還是沒有管道把消息轉過去。如果是前者，或許還有一些道理。如果是後者，那李登輝會有多孤獨呢？不知道爲什麼，我感到一陣失落的悲哀和悵惘。如同看見一九四七年一月九日大遊行的照片一樣，那台灣的青春年代，已經被遺忘，而某一些東西，某一種美好的質地，某一種屬於舊年代的古老的調子，正在消逝。

那消逝的，像霧中的笛聲，跟著水上飄去的船，一點一點的遠離。

可我分明知道，即使去世之前，郭老的心中還有朋友在。而只要心中還存著朋友，他就一定多那麼一點點，一點點的溫暖……。

而這一點點，李登輝知道嗎？他是否能夠聽到，那遙遠的、告別的笛聲？

我想起最後一次，他離開台北的那個早晨，爲了怕他回大安的旅程太漫長，便拿了一本大陸剛剛出版的照片集子送他。那是大陸早年老照片的收集，內容紛陳，從邊區貧困的影像，到北京的老街理髮，從早年革命家的身影，到上海一般尋常百姓的生活照。他開開心心的拿在手上，說：「以前我就喜歡版畫、攝影和文學藝術作品！有這個作伴，眞好。」

「還有更好玩的，下一次，我再拿另一本給你看。」我頑皮的說。

那個早晨，他下了車，要走入台大醫院，老伴在旁邊溫柔的扶持著。在台大醫院的日據時代遺留下來的古老台階上，他轉過身，用第一次我見到的堅毅的眼神凝視著，然而抿著的嘴，微笑起來，說：「要記得啊，去找一找資料，看看俄國的那些思想家、藝術家，他們到那裡去了？」

啊，那些思想家、藝術家，他們到那裡去了？

一九九八年十月初稿，二〇〇〇年一月廿二日定稿

國家圖書館出版品預行編目資料

三兩個朋友／楊渡著.-- 初版-- 臺北市：
大塊文化，2000［民 89］
面；　公分.（Mark 15)

ISBN 957-0316-10-1 (平裝)

855　　　　89003611

105 台北市南京東路四段25號11樓

廣 告 回 信
台灣北區郵政管理局登記證
北台字第10227號

大塊文化出版股份有限公司　收

請沿虛線撕下後對折裝訂寄回，謝謝！

地址：＿＿＿市／縣＿＿＿鄉／鎮／市／區＿＿＿＿路／街＿＿＿段＿＿＿巷

＿＿＿弄＿＿＿號＿＿＿樓

姓名：

大塊 LOCUS 文化

編號：ma 015　書名：三兩個朋友

大塊 LOCUS 文化

讀者回函卡

謝謝您購買這本書，爲了加強對您的服務，請您詳細填寫本卡各欄，寄回大塊出版 (免附回郵) 即可不定期收到本公司最新的出版資訊。

姓名：____________________ **身分證字號**：____________________

住址：______________________________________

聯絡電話：(O)____________________ (H)____________________

出生日期：______年______月______日 E-mail: ____________________

學歷：1.□高中及高中以下 2.□專科與大學 3.□研究所以上

職業：1.□學生 2.□資訊業 3.□工 4.□商 5.□服務業 6.□軍警公教 7.□自由業及專業 8.□其他________

從何處得知本書：1.□逛書店 2.□報紙廣告 3.□雜誌廣告 4.□新聞報導 5.□親友介紹 6.□公車廣告 7.□廣播節目8.□書訊 9.□廣告信函 10.□其他____________

您購買過我們那些系列的書：

1.□Touch系列 2.□Mark系列 3.□Smile系列 4.□Catch系列 5.□PC Pink系列 6□tomorrow系列 7□sense系列

閱讀嗜好：

1.□財經 2.□企管 3.□心理 4.□勵志 5.□社會人文 6.□自然科學 7.□傳記 8.□音樂藝術 9.□文學 10.□保健 11.□漫畫 12.□其他_____

對我們的建議：______________________________________

____

____

LOCUS

LOCUS

LOCUS

LOCUS